Thomas Gabriel Leichtner

Mémoires du Danube

roman

MURMURE DES SOIRS

AVANT-PROPOS

Il m'en aura fallu du temps pour me décider à parler de toi.

En janvier 2020, une quarantaine de chefs d'État se sont retrouvés au mémorial de Yad Vashem, à Jérusalem, pour commémorer le soixante-quinzième anniversaire de la libération du camp de concentration d'Auschwitz-Birkenau.

Tu n'es pas mort à Auschwitz-Birkenau ni dans aucun des camps d'extermination de cette sinistre époque. Tu as été assassiné par les *Nyilas*, les Croix fléchées, sur les rives du Danube.

Je ne t'ai pas connu et je sais si peu de choses de toi.

J'aurai à combler les trous, les béances entre les rares amers dont je dispose. Je devrai naviguer à vue, reconstituer le puzzle, t'inventer. Seul le roman peut m'aider dans ce voyage où j'aurai tant à imaginer.

Ce dont je suis sûr, cependant, c'est que tu es mon père, mon père de naissance.

J'ai eu un autre père, celui qui m'a adopté quand j'avais deux ans. Tout le monde n'a pas la chance d'avoir eu deux pères dans sa vie…

Ma gratitude envers mon vrai papa, pourtant décédé depuis longtemps, ma fidélité à cet homme-là, m'ont conduit, jusqu'à un passé récent, à nier ton existence, à t'ignorer.

Je comprends aujourd'hui combien j'ai été injuste. Je sais quelle fut ta joie à ma naissance, et ta fierté de découvrir ton garçon : ton nom, ton nom de famille vivrait.

Leichtner, ce patronyme orthographié avec un « t » qui le distingue de ceux, plus nombreux, qui en sont dépourvus, vous en étiez si fiers, ton frère aîné Léo et toi ! Lui, avait une fille unique, Marianne, et il s'en était remis à toi pour le perpétuer.

C'était sans compter sur la barbarie et sur le destin — appelons ainsi les événements qui ont suivi.

En me donnant son nom, mon père adoptif t'a, sans le vouloir, dépossédé du tien. Et moi, en le recevant et en le portant légitimement, j'ai le sentiment trouble de t'avoir trahi.

Aujourd'hui, ce nom de famille que tu brandissais comme un étendard, je me fais un honneur et un devoir de te le rendre.

En écrivant et en signant ce livre.

Thomas Gabriel Leichtner
Paris, février 2023

"Elvis has left the building"[1]
(C'est fini… C'est plié !)

[1]Annonce de scène à la fin des concerts d'Elvis Presley signifiant aux fans que leur idole ne reviendrait pas.

À Marianne

À Chantal

DANS le quotidien régional *Paris Normandie (Édition Rouen)*, daté du mardi 23 octobre 1990, cet entrefilet : *M. Gabriel Grünfeld, un parisien qui venait d'acheter une résidence secondaire à Jumièges, s'est donné la mort à quarante-six ans, dans sa nouvelle propriété.*

Mon père s'est tiré une balle dans la bouche. J'avais seize ans. Il n'a pas laissé de message, mais le suicide ne fait aucun doute : à côté de son corps, les gendarmes ont trouvé la carabine dont il s'était servi ; le test à la paraffine révélera des traces de poudre sur ses doigts. Que s'était-il passé dans la tête de mon père ? Impossible de le savoir. Il s'était levé de bon matin, comme il le faisait déjà depuis quelque temps, et avait dit à ma mère qu'il partait dans notre maison de campagne : un rendez-vous avec le couvreur pour discuter des travaux de réfection et du devis ; il en profiterait aussi pour couper l'eau, ce qu'il avait oublié de faire avant de refermer la maison à la fin de l'été. Il a quitté notre appartement vers 8 heures et couvert les quelque cent soixante kilomètres qui séparent Paris de Jumièges — une commune située sur la rive droite de la Seine, à trente kilomètres de Rouen — en un peu plus de deux heures : son coup de téléphone à ma mère aussitôt arrivé en témoigne. Ensuite ? La gendarmerie a appelé en fin d'après-midi. J'ai décroché. Je venais de rentrer du lycée. Le corps inanimé de mon père avait été découvert par le couvreur au fond de notre terrain, en bordure du fleuve.

À l'époque, il s'était pourtant bien éloigné de la relation difficile qu'il avait avec lui-même. Il semblait aller mieux. Mais sa souffrance intérieure l'avait probablement rattrapé. Avec le recul, sa mort prématurée m'apparaissait inéluctable. Angoissé, fragile, vulnérable, il était d'une sensibilité extrême. Il avait depuis toujours un sentiment d'inadaptation au monde et à lui-même, une douleur à vivre. Avec lui, les verres n'étaient jamais à moitié pleins, il les voyait toujours à moitié vides. Il vivait sur le fil, incapable de se projeter dans une existence stable. Combien de fois nous a-t-il laissés sans nouvelles, ma mère et moi, disparaissant un beau matin pour revenir quinze jours plus tard, sans autres explications. Irritable, colérique, violent parfois, il pouvait aussi être drôle et d'une tendresse sans limites. Mais ses démons le rattrapaient régulièrement et, quand il ne prenait pas la fuite, il pouvait rester pendant des jours les yeux dans le vague, à ruminer on ne savait quelles obscures pensées.

Pour moi, il était un mystère. La communication entre nous était difficile, même sur les aspects les plus banals de la vie, et il ne m'avait jamais rien dit de son passé. Je l'avais pourtant interrogé à plusieurs reprises. Il avait à chaque fois éludé la question, me répondant : « Avant six ans, je ne me souviens de rien. Tout ce que je peux te dire, c'est que j'ai eu une enfance et une adolescence normales, sans problèmes particuliers et même plutôt heureuses, comme beaucoup de garçons et de filles de mon âge qui ont vécu leur jeunesse en France pendant les Trente Glorieuses. »

Ce que je savais, je le tenais de László, mon grand-père paternel, qui m'avait appris les quelques mots hongrois que je balbutiais et qui est décédé de chagrin, peu après le suicide de son fils. Né en 1905 à Kisvárda, petite ville de Hongrie à 280 km au nord-est de Budapest, László avait dû renoncer, après son bac, à poursuivre ses études supérieures : le gouvernement de l'amiral Horthy avait instauré un *numerus clausus* plafonnant les effectifs des étudiants juifs à l'université. Aîné d'une fratrie de trois frères et d'une sœur, il partit à dix-huit ans travailler chez un oncle qui tenait un magasin de cigares dans la capitale. Logé, nourri, il renvoyait, en bon fils, la presque totalité de son maigre salaire à ses parents. À la suite d'une dispute avec son oncle, deux ans plus tard, il lui jeta sa blouse de vendeur à la figure et alla se réfugier chez un ami qui lui fit rencontrer un chef d'entreprise. Patron d'une fabrique de papier située dans les faubourgs de Budapest, cet homme au visage rond et au sourire débonnaire, père sur le tard d'une fillette de sept ans, engagea László à l'essai. Satisfait de son travail, il lui proposa après quelques années de devenir son bras droit. Le sachant seul à Budapest, il l'invitait régulièrement à dîner ou à passer le week-end dans leur résidence secondaire sur le lac Balaton, si bien que mon grand-père fut bientôt considéré par son employeur et son épouse comme un membre de la famille. Anna, la fillette de la maison, dont il s'était souvent moqué gentiment à cause de son appareil dentaire et de son léger bégaiement, avait grandi et s'était transformée en une jolie jeune fille. Coquette, elle aimait s'habiller élégamment, toujours au dernier cri. Quand elle eut dix-huit ans, en 1936, elle voulut son indépendance financière et trouva un poste de secrétaire dans un cabinet d'architectes, ce qui fit la fierté de ses parents. L'avaient-ils poussée à accepter la demande en mariage que László adressa officiellement à son patron deux ans plus tard, en dépit d'une différence d'âge importante entre Anna et lui ? Mon grand-père l'ignorait. Quoiqu'il en fût, la noce eut lieu dans la grande synagogue de Budapest le 29 mai 1938, le jour même de l'adoption de la première loi antijuive sous le gouvernement de Béla Imrédy.

Mon père vint au monde en juin 1944 entre deux attaques aériennes, pendant l'occupation de la Hongrie par les Allemands. Mon grand-père n'avait pas pu être présent pour sa naissance : la veille de l'invasion allemande, Horthy avait rencontré Hitler à Salzbourg, en Autriche, et avait accepté de livrer plusieurs centaines de milliers de Juifs pour travailler pour le compte de l'Allemagne. László fut un de ceux-là. Il n'avait pas eu de chance, car seuls quelques membres de la communauté juive de Budapest furent affectés dans ces unités de travail forcé. Il en eut davantage quand, par une nuit glaciale de décembre, il s'échappa du camp. Arrivé dans la capitale, il trouva la ville en lambeaux, en état de siège : le pont Marguerite effondré, des immeubles éventrés, des tranchées dans les rues et des hordes de Croix fléchées[1] à chemise verte, bottées, armées de mitraillettes, semant la terreur sur la voie publique. László arriva devant l'immeuble où il habitait avec sa femme. Leur bel appartement avait été

[1] Le parti pronazi hongrois.

divisé en lots et était maintenant occupé par plusieurs familles. Amaigrie, méconnaissable, Anna vivait recluse avec leur bébé de six mois dans une seule pièce.

Bombardements nuit et jour ; explosions ; sursaut à chaque coup de sonnette ; terreur ; alertes et attaques aériennes ; descente aux abris ou dans les caves et attente interminable dans la pénombre étouffante au milieu des malades, des femmes qui bercent leur bébé, des hommes en guenilles, des bruits assourdis des bombes…, c'est tout cela, et la déportation de ses parents, qu'avait subi ma grand-mère avec son enfant. Pas étonnant qu'elle ait été atteinte, dès l'après-guerre, de psychose maniaco-dépressive, ou troubles bipolaires, comme on dit aujourd'hui. Au fil du temps, les épisodes de dépression avaient pris le dessus sur les phases d'excitation et même sur les périodes euthymiques, si bien que cette vieille dame âgée aujourd'hui de quatre-vingt-treize ans semblait depuis longtemps indifférente au monde qui l'entourait. J'allais parfois la voir dans sa maison de retraite. Petite chose informe allongée dans son lit d'où elle ne se levait que pour faire sa toilette, son visage s'illuminait cependant quand elle me voyait arriver. Je m'approchais pour l'embrasser. Elle me tendait les bras en prononçant mon nom avec amour. Je la redressais avec précaution pour l'asseoir et la caler contre les oreillers et, entre de longs silences, elle m'interrogeait sur mon travail, sur mes amours, car elle avait encore toute sa tête. Avec moi, elle reprenait un peu de la vie dont elle s'était détachée depuis tant d'années, mais de son passé hongrois et de son fils, elle ne me parlait jamais. Sur la table de chevet, il y avait pourtant une photo de Gabriel, prise peu avant son suicide. Il était beau, mon père, dans sa chemise à col

Mao, avec ses cheveux en désordre. En m'écoutant, elle le fixait, et parfois ses yeux se fermaient comme pour graver en elle son image à jamais. Moi aussi, je le regardais et j'essayais de m'expliquer son geste. Mais une fois encore, mon père m'échappait. C'est bien connu, les facteurs génétiques contribuent à l'apparition des troubles bipolaires, pourtant, me semble-t-il, il n'avait pas hérité de sa mère cette maladie si particulière. Devais-je alors attribuer ses angoisses destructrices aux traumatismes inscrits en lui par la guerre ? Comment savoir ? Mon père et ses parents ont survécu par miracle à la folie meurtrière des SS et des Croix fléchées, échappant aux assassinats, aux déportations vers les camps, à l'enfermement dans le ghetto, aux rafles, à la marche de la mort. Ils sont sortis indemnes du siège de Budapest qui a laissé derrière lui des milliers de victimes dans une ville en ruine, avant de s'enfuir de Hongrie, devenue pays satellite de l'Union soviétique, pour s'exiler en France. Comme eux, d'autres rescapés de la Shoah, anonymes ou célèbres, ont tenté de se reconstruire. Certains y sont parvenus, se sentant souvent coupables d'être encore en vie. Nombreux ont mis fin à leurs jours.

Tout au long de son existence, mon père a eu une relation intime avec la mort. Sans doute, n'était-il pas fabriqué pour vivre. Traumatismes de la petite enfance ? Quête d'un impossible bonheur ?

Mais pourquoi vouloir essayer de comprendre à tout prix l'acte le plus intime qu'un homme puisse accomplir ?

La sonnerie du téléphone m'a fait sursauter en plein milieu de l'après-midi. Je m'étais assoupi dans mon fauteuil à roulettes, les pieds posés sur le plateau de mon bureau. Il n'était encombré d'aucun dossier ni de feuilles ni de carnets : la dernière affaire que j'avais décrochée remontait à plus d'une année, et, peu après, j'avais dû donner congé à ma secrétaire, faute de rentrées suffisantes. J'évitais du mieux possible ma propriétaire, à laquelle je devais trois mois de loyer. Elle habitait au dernier étage de l'immeuble où je louais ce minuscule deux-pièces qui me servait de bureau. Entre nous s'était installée une partie de cache-cache. Mais ce n'était jamais elle qui se cachait...

J'ai soulevé le combiné et me suis présenté machinalement :

— Agence Grünfeld Détective, enquêtes, filatures, j'écoute...

— Monsieur Simon Grünfeld ?

La voix, rocailleuse, semblait être celle d'une femme âgée qui avait beaucoup fumé.

— Lui-même, ai-je dit sans conviction.

— Bonjour ! Je m'appelle Irène Clément ; j'aurais une mission à vous confier.

J'ai eu du mal à réprimer ma joie.

— De quoi s'agit-il, Madame ?

— Ce serait trop long à vous expliquer par téléphone. Pouvez-vous passer me voir ?

Si je pouvais ! Je serais même parti sur-le-champ, si elle me l'avait demandé.

Elle m'a donné son adresse, dans le VIIe arrondissement de Paris.

— Demain 15 heures, ça vous irait ?

J'ai fait mine de consulter un agenda que je n'avais pas. Par les temps qui couraient, j'économisais chaque euro.

— Voyons…

Je tournais bruyamment les pages de mon livre fétiche — *Un privé à Babylone* — qui traînait sur une étagère et que j'avais posé près du combiné.

— Oui ce sera possible, ai-je dit au bout d'un moment.

Elle m'a remercié et m'a souhaité « bonne journée », prête à raccrocher, mais elle s'est ravisée :

— On m'a dit que vous étiez d'origine hongroise. Parlez-vous magyar ?

Sa question m'a surpris. Qui donc avait pu l'informer sur mon ascendance ? Je baragouinais encore deux ou trois mots de cette langue qui ne ressemblait à aucune autre.

— Igen magyarul beszélek[1], lui ai-je répondu, avec l'assurance du démarcheur qui vous propose une encyclopédie en douze volumes à crédit.

[1] Oui, je parle hongrois.

Elle a paru satisfaite et a pris congé, pour de bon cette fois, en me disant « à demain ». J'ai regardé le calendrier que j'avais épinglé au mur. Nous étions le 4 janvier 2012, et j'ai pensé que c'était mon année, qu'elle s'annonçait bien.

*

Madame Clément habitait un hôtel particulier du XVIIIe siècle, à proximité du musée d'Orsay. Une employée de maison m'a fait patienter dans un vaste séjour donnant sur un jardin immaculé, tant il avait neigé la nuit précédente. Des boiseries murales au ton clair, un lustre en cristal, une cheminée en marbre de Calacatta surmontée d'un grand miroir intégré dans la boiserie donnaient à cette pièce une chaleur et une légèreté inattendues. Elle était meublée style Régence, décorée de peintures vénitiennes, et des tapis d'Orient couvraient presque entièrement le parquet. Je ne me lassais pas d'admirer un tableau de petite taille représentant une jeune femme nue devant un miroir, quand madame Clément est arrivée derrière moi en fauteuil roulant.

— Intéressante cette reproduction, n'est-ce pas ! L'original est de Giovanni Bellini, le précurseur de l'école vénitienne. Vous connaissez ?

Je n'y connaissais rien en peinture, pas plus que dans les autres arts. Seul le cinéma m'intéressait. Du reste, madame Clément me faisait un peu penser à Jeanne Moreau, non pas l'actrice des *Amants* ou de *Jules et Jim*, mais celle de *la Vieille qui marchait dans la mer*, avec sa voix rauque, sa bouche tombante et son teint cireux. Elle n'attendit pas ma réponse.

— Asseyez-vous, je vous en prie !

Je n'avais que l'embarras du choix entre quatre fauteuils à tapisserie, en bois sculpté doré, et une bergère. Je jetai mon dévolu sur ce siège plus confortable, tandis qu'elle faisait faire un demi-tour à son fauteuil électrique pour le positionner face à moi.

— Vous paraissez bien jeune, me dit-elle en me détaillant d'une façon qui me mit presque mal à l'aise.

— J'ai bientôt trente-huit ans, rétorquai-je, redressant le torse, comme si quelques centimètres supplémentaires allaient me rendre plus âgé à ses yeux.

Elle était emmitouflée dans un plaid qui la recouvrait presque entièrement. Seuls dépassaient les bas de son pantalon, ses chaussures vernies et ses mains refermées sur une pochette kraft, brune, posée sur ses genoux.

— J'aimerais que vous recherchiez un homme, commença-t-elle.

Elle sortit une photo de l'enveloppe et me la tendit. C'était un tirage en noir et blanc d'un couple d'amoureux, cadré en pied. Ils étaient assis sur le parapet d'un pont. L'homme tenait la femme par les épaules et la serrait contre lui ; comme elle, il souriait. En arrière-plan, on pouvait distinguer les eaux grisâtres d'un fleuve et quelques bâtiments non identifiables sous un ciel pommelé. Je me levai pour profiter de la lumière qu'offrait la porte-fenêtre qui donnait sur le jardin. Ils étaient beaux, tous les deux. Elle devait avoir dans les trente ans, lui, un peu plus. En examinant attentivement le cliché, je retrouvais chez la jeune femme des traits de Jeanne Moreau dans *Ascenseur pour l'échafaud*, un film de 1958 où l'actrice avait sensiblement ce même âge.

— C'est vous sur la photo ? tentai-je, en revenant vers elle.

— Oui. Elle a été prise à Budapest en 1965. Je m'y étais rendue dans le cadre de la 4e Universiade, une compétition internationale universitaire multisports qui s'est déroulée pendant l'été. J'entraînais l'équipe de France féminine de basket, après une carrière honorable de joueuse que j'avais dû interrompre pour cause de blessure. Cette année-là, nous avons gagné la médaille de bronze, derrière les Soviétiques et les Hongroises, évidemment…

Une ombre passa sur son visage. Regrets d'une jeunesse perdue ? Espoirs envolés ? Rêves refoulés au fond d'un fauteuil qui roulait lentement vers la mort ? Madame Clément se dirigea vers l'interrupteur.

— Voulez-vous une tasse de thé ?... Ou autre chose…

J'acceptai volontiers ce qu'elle me proposait, tandis qu'elle sonnait la domestique qui accourut.

— J'ai connu l'homme qui est sur la photo au cours du cocktail inaugural, reprit-elle. Il était entraîneur de basket, comme moi, mais de l'équipe hongroise. Ça a été le coup de foudre ; une histoire d'amour comme il n'en arrive qu'une fois dans la vie. Nous étions logés dans le même hôtel et pour nous retrouver la nuit, nous devions nous cacher de tous, de nos dirigeants nationaux, de nos joueurs, des agents de la police secrète hongroise qui surveillaient l'hôtel en permanence. András, c'était son prénom, risquait gros en effet : fréquenter des Occidentaux en Hongrie même sous le communisme dit « du goulash » — le plus clément des régimes des pays du bloc de l'Est — n'était pas bien vu à cette époque, pas bien vu du tout ; il encourait des années de prison… Notre idylle a duré une dizaine de jours, le temps de la compétition. Rentrés chacun chez soi, nous avons échangé quelques lettres — moitié en allemand, moitié en anglais, chacun de nous ignorant la langue maternelle de l'autre — mais la passion s'était éteinte. Le langage des corps qui s'attirent et se désirent se substitue aisément à la parole ou à l'écriture, mais une fois ces corps séparés… Bientôt, je me suis rendu compte que j'étais enceinte. J'ai décidé de garder l'enfant, mais je n'ai pas informé András. À quoi bon ? Nous venions de mettre un terme à notre relation épistolaire. Plusieurs fois, j'ai été tentée de lui écrire. Mais, en définitive, je ne l'ai jamais recontacté. Pourtant, aujourd'hui, avant ma fin prochaine, c'est ce père-là, celui dont ma fille Marika ignore jusqu'à la nationalité, que je vous demande de rechercher après toutes ces années…

*

Il faisait presque nuit quand je suis sorti de chez madame Clément. J'ai marché vers le musée d'Orsay. Une fois arrivé, je me suis assis pour réfléchir sur le grand escalier en bois qui plonge vers les berges de la Seine, à l'ouest du bâtiment. Malgré le froid glacial, quelques joggeurs couraient à grandes foulées. Une péniche, qui transportait des conteneurs, descendait le fleuve en formant des remous. Elle m'invitait au voyage. Ce voyage, je n'allais pas tarder à le faire : je venais de m'y engager. Ce serait la première fois que j'irais dans la ville où était né mon père et où avaient vécu mes grands-parents. Lorsque j'étais enfant ou adolescent, personne dans ma famille n'avait souhaité retourner dans ce pays, alors sous domination soviétique, et, plus tard, je n'en avais eu ni l'envie ni les moyens.

Par souci d'économie, je pourrais me rendre à Budapest en train, voire en embarquant sur l'une de ces péniches qui rejoignent le Danube et voguent à travers l'Europe centrale jusqu'à la mer Noire. Mais ce temps-là était révolu : ma cliente, madame Irène, ainsi qu'elle m'avait demandé de l'appeler, payait rubis sur l'ongle et fort généreusement ; l'argent n'était plus un problème. Je prendrais donc l'avion après avoir rendu visite à ma propriétaire pour payer mes arriérés et même lui verser une avance. Elle serait très étonnée, j'en étais sûr, et je devinais déjà son air pincé de satisfaction, lorsqu'elle me dirait : « M. Grünfeld, ça pouvait bien attendre ! »

J'ignorais encore comment j'allais procéder. Les seuls indices dont je disposais étaient la photo que madame Irène m'avait montrée et qu'elle m'avait confiée, le patronyme d'András : FERENCZY, l'adresse où il vivait à Pest en 1965, et son âge approximatif (dans les quatre-vingts ans, s'il était toujours en vie). Je savais par ailleurs que, outre sa participation en tant que sportif à la 4e Universiade d'été, il faisait partie, à l'époque, du bureau de la FISU, la fédération internationale qui organisait ces jeux universitaires.

Ma cliente m'avait aussi remis une lettre, sous enveloppe cachetée, à l'attention d'András, au cas où je le retrouverais, et une photo récente de leur fille Marika. C'était une jolie rousse aux cheveux longs, d'environ quarante-cinq ans, aux yeux verts. J'ai fait remarquer à madame Irène que Marika était un prénom peu usité en France, mais très répandu en Hongrie. Elle m'a répondu que ce choix était délibéré : même si elle ne devait jamais revoir le père de sa fille, c'était sa manière d'inscrire son souvenir. Je lui ai dit que cette décision l'honorait et que Marika était un fort joli prénom, qu'il me plaisait bien.

Avant de prendre congé, elle m'a rappelé que sa fille ignorait tout de sa démarche et qu'elle exigeait de moi une totale discrétion.

La FISU — la Fédération internationale du sport universitaire — avait été fondée en 1949 et ne s'était ouverte aux pays de l'Est que dix ans plus tard, à l'instigation de la France. Elle organisait tous les deux ans, été comme hiver, des compétitions sportives amateurs au niveau mondial pour les étudiants des établissements d'enseignement supérieur. Les dernières confrontations avaient eu lieu à Harbin et à Belgrade en 2011. J'ai téléphoné au siège, à Bruxelles, pour avoir confirmation de l'adresse d'András Ferenczy, « un ancien administrateur de la fédération dont j'étais un cousin qui avait perdu sa trace. » Mon interlocutrice m'a répondu que cette personne était, en effet, un membre de la FISU, mais qu'aucune information confidentielle ne pouvait être donnée par téléphone ni par internet. Il fallait que je me déplace. J'ai donc pris rendez-vous avec elle le lendemain matin, soupçonnant, d'après sa réponse, que « mon poisson » était toujours en vie, et j'ai réservé mon billet de train pour Bruxelles.

La gare du Midi était telle que je l'avais découverte cinq ans plus tôt, grouillante, fréquentée par une population d'hommes d'affaires (oui, principalement des hommes), de jeunes technocrates des deux sexes travaillant sans doute pour les institutions européennes, de gens ordinaires et de femmes portant le hidjab. À l'époque, j'enquêtais à Paris sur une call-girl qui faisait chanter mon client, du moins l'affirmait-il, mais, de fil en aiguille, j'avais compris que ledit client menaçait d'enlever son petit garçon qui séjournait à Bruxelles et je l'y avais accompagnée pour lui venir en aide. Son charme agissant je n'avais pas hésité, même si au bout du compte j'avais perdu un bon paquet d'argent…

Le taxi m'a déposé au pied d'un immeuble moderne, Chaussée de Wavre, face à l'Université Libre de Bruxelles. À l'accueil, un préposé à la sécurité m'a demandé mon passeport contre la remise d'un badge. Il m'a dit que la FISU était au troisième étage. Mon interlocutrice de la veille m'attendait et m'a proposé café et petits gâteaux. Je l'avais déjà remarqué, l'hospitalité belge est sans égale. En échange de mon identité, cette secrétaire d'un certain âge, à l'accent bruxellois prononcé, m'a imprimé la fiche d'András Ferenczy. Il était né en 1928 à Miskolc (Hongrie). Marié en 1951, père sur le tard d'une petite Helena, il était veuf depuis dix ans et habitait au 30 Nagy Diófa utca, dans le VIIe arrondissement de Budapest. Il avait aussi un numéro de téléphone. D'après la secrétaire, ces coordonnées étaient encore valables, puisqu'elles n'avaient pas été actualisées, mais ce n'était pas une garantie. Elle m'apprit également qu'András Ferenczy avait été trésorier de la fédération entre 1963 et 1977. Il avait abandonné cette fonction après la naissance de sa fille et, détail qui pouvait m'intéresser, celle-ci avait occupé ce même poste pendant une année, en 1999 précisément. N'étant plus membre de la FISU, elle avait été rayée des fichiers. Aux dernières nouvelles, elle avait quitté Budapest et habitait maintenant quelque part à Vienne.

Je remerciai cette dame affable et la laissai partir avec ses collègues qui passaient la prendre pour le déjeuner. Avant de me quitter, elle me recommanda quelques restaurants à proximité. Je la remerciai à nouveau, mais je tenais à retourner dans le bistrot de la place Sainte-Catherine où j'avais mangé plusieurs fois avec Ann, ma call-girl des années passées. J'avais apprécié de découvrir en sa compagnie ce quartier situé sur l'ancien port fluvial, comblé entre la fin du XVIIIe et le début du XIXe siècle. Les bateaux, à l'époque, accostaient au centre de Bruxelles et chargeaient ou déchargeaient leurs cargaisons le long des quais qui portaient alors le même nom qu'aujourd'hui : quai à la Chaux, quai aux Pierres-de-Taille, quai à la Houille… Revoir les endroits où j'ai passé des moments marquants de ma vie est instinctif. Je suis un nostalgique. Je me laisse même parfois aller à la mélancolie. Cela ne dure jamais longtemps. Ma nature impulsive reprend le dessus et je rebondis.

★

Le Thalys qui me ramenait à Paris atteignait des pointes de 300 kilomètres à l'heure. Confortablement installé en première, je comparais l'adresse d'András Ferenczy que m'avait donnée madame Irène avec celle que je venais d'obtenir. Elles étaient différentes, preuve qu'il avait déménagé après 1965. Cette information justifiait à elle seule mon déplacement à Bruxelles. Avant de m'envoler pour Budapest, je composerais son numéro de téléphone. J'espérais, bien sûr, une réponse, mais ma maîtrise de la langue hongroise était-elle suffisante pour comprendre qu'au bout du fil ce serait bien lui ? Je n'en étais pas convaincu.

Bientôt, je m'endormis. Je fus réveillé par l'annonce grésillante de notre arrivée prochaine en gare du Nord. À l'enthousiasme que j'avais éprouvé après ma rencontre avec madame Irène et ce début d'enquête prometteur, succédait un sentiment d'abord confus, qui devenait de plus en plus prégnant : me rendre pour la première fois dans ce pays au si noir passé et au présent discutable où ma famille paternelle avait été persécutée, et dont j'étais maintenant, hormis ma grand-mère le seul survivant, me perturbait ; partir, vingt et un ans après le suicide de Gabriel dans sa ville natale, à la recherche d'un père que sa fille ne connaît pas et dont lui-même ignore l'existence, me troublait plus encore. À trente-sept ans, ce rendez-vous avec mes origines était tellement inattendu ! Né en France, de mère française et de père naturalisé français, je n'avais plus grand-chose en commun avec la Hongrie d'hier, pas plus qu'avec celle d'aujourd'hui. Je n'étais même plus sûr de pouvoir la situer mentalement avec précision. Sans doute enclavée quelque part en Europe centrale. L'Espagne ou l'Italie, je voyais très bien, mais la Hongrie… Des souvenirs fugaces de mon grand-père, déjà âgé, qui sortait son violon pour jouer un air de musique tzigane, le fumet appétissant d'un chou farci nappé de crème fraiche préparé par ma grand-mère les rares fois où elle émergeait de sa neurasthénie, c'était à peu près tout.

Coïncidence, hasard, destin ? Ma seule, mon unique certitude, était que cette mission tombait du ciel pour me sortir de mes soucis financiers.

J'AI pris l'avion pour Budapest quelques jours plus tard. J'avais informé madame Irène par téléphone de mon départ et de ce que m'avait appris la FISU concernant András. Elle avait paru satisfaite et m'avait souhaité bon voyage. Je l'avais aussi appelé, lui, à différentes heures de la journée, sans succès. Pour me mettre dans l'ambiance, j'avais choisi de voyager avec la compagnie hongroise Malév.

L'hôtesse m'a accueilli à bord avec un grand sourire et un *Üdvözlöm önt* que j'ai traduit par un hypothétique « Bienvenue ! », mais d'autres mots me sont revenus plus nettement en écoutant les consignes de sécurité et les informations sur le vol. D'ici deux heures, j'allais atterrir à l'aéroport Ferenc Liszt. Avant de partir, j'avais acheté des vêtements chauds, un dictionnaire, un guide de conversation, un plan de la ville. Je m'étais aussi renseigné sur la situation politique du pays et son gouvernement dirigé par Viktor Orbán, réélu Premier ministre en 2010, et je m'étais procuré un livre recommandé par le vendeur de la Fnac : *Ce que j'ai voulu taire*, de Sándor Márai. Le grand auteur magyar y raconte ce qu'il a vécu en Hongrie entre 1938, date de l'Anschluss, et 1948, quand il choisit de quitter le pays, devenu satellite de l'URSS. Bien calé dans mon siège, je lisais, à la page 57 : « ... La société hongroise, elle... n'avait pas oublié cet intermède sanglant, implacable et destructeur. » L'auteur parle du deuxième gouvernement d'inspiration communiste de l'Histoire, après celui de la Russie soviétique de 1917 : la République des Conseils de Hongrie (ou Commune), instaurée du 21 mars au 6 août 1919 par ses dirigeants communistes (et juifs) Béla Kun, Tibor Szamuely, et compagnie. Et Márai de poursuivre : « ...C'est là-dessus que Horthy a fondé la domination vraiment "réactionnaire" de son fascisme néobaroque... »

À la lumière de cette analyse et de ce que j'avais appris sur le régime politique présent, il me semblait que l'Histoire se répétait. Dès 1988, Viktor Orbán avait participé avec la fougue de ses vingt-cinq ans à la fondation de la *Fidesz*, un mouvement aux accents quasi libertaires, mais qui deviendra au fil des ans, et sous son influence, un parti ultra conservateur et populiste. À cette époque, ce dissident n'avait qu'une idée en tête : extirper de la Hongrie tout ce qui restait du système communiste. Lors de la cérémonie de « ré-enterrement » d'Imre Nagy et des autres martyrs de la révolution hongroise de 1956, ce jeune homme encore inconnu, mal rasé, avait prononcé devant 100 000 personnes un discours mémorable où il fustigeait l'influence soviétique dans son pays. Comment imaginer alors que cet iconoclaste allait devenir quelque vingt ans plus tard un autocrate ? Après s'être libérée du joug soviétique et avoir adhéré à l'Union européenne le 1er mai 2004, la Hongrie semblait désormais glisser vers cette « démocrature » caractérisée par le nationalisme, le rejet des étrangers, la promotion de rigides valeurs chrétiennes, et se rapprocher chaque jour un peu plus du régime instauré par l'Amiral Horthy en 1920… Aux boucs émissaires d'hier — les Juifs, les Tsiganes — étaient substitués les journalistes, les intellectuels, les artistes, les sans-abri. La nouvelle constitution récemment entrée en vigueur, le 1er janvier 2012, attestait, disait-on, l'escalade liberticide dans le pays.

Le commandant de bord annonçait notre arrivée à Budapest. Ce n'était pas le moment de me laisser distraire. L'hôtesse passait dans l'allée centrale et vérifiait que les ceintures étaient attachées. J'ai regardé à travers le hublot. L'appareil était encore au-dessus des nuages, mais bientôt il pénétra dans une nappe de brouillard qui allait l'envelopper jusqu'à l'atterrissage. Nous avons quitté l'avion par l'escalier d'embarquement et marché sur le tarmac les uns derrière les autres, passagers aux corps nimbés d'un voile qui en estompait les formes.

La rue où était censé habiter András avait la réputation, avant-guerre, d'être une rue mal famée. Prostitution, bagarres, larcins s'y produisaient régulièrement. Un auteur hongrois très populaire en avait même fait le lieu du crime de son premier thriller dont l'action se situait dans le Budapest des années trente. J'écoutais le concierge de l'hôtel, un colosse au visage barré par une grosse moustache, me rapporter avec enthousiasme ces anecdotes dans un anglais académique, pendant qu'il surlignait sur un plan le trajet qu'il me conseillait.

— Je suis désolé ! a-t-il ajouté plus bas, comme s'il craignait de m'avoir effrayé. Aujourd'hui, la Nagy Diófa utca est bien fréquentée. Elle est tranquille, mais seulement la journée. La nuit, tout ce quartier est envahi par une horde de fêtards qui vont de bars en restaurants, de discothèques en « romkocsma », ces « ruin pub » aménagés dans des immeubles d'habitation laissés à l'abandon. Eh oui ! Curieux revers de l'histoire : l'ancien quartier juif de

Budapest est devenu le nouveau coin branché de notre belle capitale…

Il m'a tendu le plan où il avait entouré les numéros des tramways qui me rapprocheraient de ma destination.

— La station se trouve à deux pas, sur la rive du Danube. Vous ne pouvez pas vous tromper ; le 47 ou le 49… l'un ou l'autre…

Il m'a souhaité *Szép napot*, « une bonne journée », que j'espérais propice à la réalisation de mon objectif : cueillir András Ferenczy dès potron-minet, ou, s'il n'était pas là, me renseigner sur ses habitudes auprès de ses voisins.

La Nagy Diófa utca se trouvait précisément dans la zone de l'ancien ghetto, à proximité de la grande synagogue. Une rue calme, en effet, surtout à cette heure matinale où le froid vif n'incitait guère à mettre le pied dehors ; des bâtiments ravalés, de trois à cinq étages. La porte d'entrée du numéro 30 était taguée et abritée sous un porche voûté. Sans surprise, un digicode en commandait l'ouverture. J'ai attendu qu'il fasse complètement jour pour téléphoner à András. Mon appel n'ayant pas eu de réponse, j'étais bien décidé à rester devant l'immeuble le temps nécessaire pour profiter du passage d'un résident et m'y introduire. La veille, j'avais appris par cœur quelques expressions usuelles qui facilitent les premiers contacts. Le guide de conversation français-hongrois que j'avais emporté contenait les plus courantes, classées par rubriques, avec leur orthographe phonétique, et certaines, que m'avait enseignées mon grand-père, m'étaient revenues en mémoire. Mais je n'y ai pas retrouvé celle qui, enfant, me faisait tellement rire : *boldog majom vagyok !* : je suis un singe heureux ! Pour me faire comprendre au-delà de ces premières phrases, je comptais utiliser l'allemand, l'anglais et le langage des mains.

Je commençais à prendre l'aspect d'une viande congelée, sur mon trottoir, quand une petite dame emmitouflée dans une doudoune à capuche est sortie de l'immeuble. Je me suis faufilé dans le hall. Il donnait sur une arrière-cour à ciel ouvert que surplombait le bâtiment de cinq étages dont les coursives extérieures desservaient les appartements. La cour pavée était proprette, bordée d'un parterre de plantes et d'arbustes recouverts de givre. La loge de la concierge était éclairée, j'ai frappé à la porte vitrée. Une femme d'un âge indéfinissable, coiffée d'un fichu, écarta le rideau et m'ouvrit.

— Qu'est-ce que vous voulez ?

J'avais préparé à l'avance ma phrase d'introduction.

— Bonjour. Je cherche un certain András Ferenczy qui habiterait ici, d'après ce qu'on m'a dit.

Elle a mis la main devant sa bouche édentée, comme si ce geste l'aidait à comprendre ce que je disais et à réfléchir. Une odeur de café bouilli sortait de la loge.

— Monsieur Ferenczy a déménagé, articula-t-elle avec minutie, réalisant sans mal que j'étais étranger. Fini ! Parti !

Elle accompagnait ses paroles d'un grand geste des bras vers le ciel neigeux. Elle s'avança et pointa l'index en direction de la coursive du troisième étage.

— Il habitait là-haut, dans l'appartement à la porte verte, mais il a donné congé il y a huit ans.

— Et vous connaissez sa nouvelle adresse ? balbutiai-je, le mot « adresse » ne faisant pas encore partie de mon vocabulaire.

À force de mimer ma question, elle finit par comprendre.

— Ah ! új cime ? Nem nem nem nekem nincs !

Non, cette brave dame ne savait pas où avait déménagé András, même avec l'aide d'un billet de dix euros pour raviver sa mémoire. Par contre, elle m'autorisa à monter dans les étages pour interroger les voisins, si le cœur m'en disait.

Ce que je fis, par conscience professionnelle, mais en pure perte.

Il neigeait, lorsque j'ai repris la Nagy Diófa utca en sens inverse ; de gros flocons voletaient et donnaient à la ville un air de fête. Je marchais dans ces ruelles piétonnes de l'ancien ghetto où près de 70 000 Juifs avaient été parqués. Des immeubles abandonnés de style Art nouveau, aux murs décrépis sur lesquels on voyait encore les impacts des balles, jouxtaient des bâtiments recouverts de fresques modernes, des bars gigantesques à la décoration décalée, des restaurants insolites, des cafés *hipsters*, des galeries d'art ou des salons de tatouage. Je remontai la rue Dohany et arrivai devant la Grande synagogue où s'étaient mariés mes grands-parents. Je la contournai. Sur l'arrière, au centre d'une cour pavée, je découvris un saule pleureur stylisé en acier, avec des feuilles d'argent sur lesquelles étaient gravés les noms des victimes juives des nazis et des Croix fléchées : Friedmann Klára, Schultheisz Veronika… Je me suis surpris à rechercher sur ces lamelles métalliques mon patronyme, Grünfeld. Je savais par mon grand-père que ses frères et sa sœur avaient été arrêtés et assassinés à Budapest par les fascistes hongrois. Je recherchais aussi Földes, le nom de jeune fille de ma grand-mère, dont les parents avaient été déportés. Que m'arrivait-il ? Ma venue inattendue dans ce quartier expliquait-elle mon soudain intérêt pour mon ascendance ? Cette question ne m'avait jamais vraiment préoccupé, même après le suicide de mon père. Les jours qui avaient suivi l'enterrement, je m'étais replié sur moi-même, négligeant mes études, ignorant les quelques camarades que j'avais au lycée. Tout cela me semblait si injuste ! J'avais seulement demandé à László de me parler de la petite enfance de Gabriel à Paris, de son adolescence, de ses années d'étudiant : des souvenirs que mon père avait toujours éludés. Mon grand-père avait accepté de bonne grâce, comme il m'avait spontanément révélé par le passé son histoire et celle de sa femme pendant la guerre, mais à la première évocation du prénom de son fils, il s'était effondré et je m'étais juré de ne plus jamais le solliciter. Il mourut peu après. Même si je l'avais voulu, j'avais perdu toute chance d'en apprendre davantage sur la jeunesse de mon père et sur mes racines hongroises. Le mutisme de ma grand-mère sur ces années-là ne me laissait espérer aucune confidence.

★

Le café *Müvész* avait été l'un de ces cafés littéraires comme il en existait tant à Budapest pendant la Belle Époque. Les deux guerres mondiales et les quatre décennies du régime communiste avaient eu raison de la plupart d'entre eux, mais celui-ci avait survécu. J'ai poussé la porte. C'était devenu un salon de thé où j'entrai plus pour me réchauffer et me protéger de la neige que pour la renommée de ses pâtisseries. Avec ses miroirs et ses lustres en cristal, ses boiseries, ses tables rondes de marbre noir ceintes de fauteuils aux dossiers cannés, ce « *kávéház* » au charme désuet vous transportait au tournant du siècle dernier où des générations d'écrivains et d'artistes se retrouvaient ici chaque jour, comme dans les six cents autres établissements similaires de la ville, pour lire les journaux, écrire, échanger. Je m'installai dans un petit salon éclairé par une lumière tamisée que laissaient passer les abat-jours colorés des appliques murales et des lampes disposées sur les tables. J'étais le seul client, à l'exception d'un homme vêtu avec élégance, très absorbé par sa lecture, assis dans un coin de la salle. J'ai commandé un café que l'on m'a servi sur un plateau d'argent avec un verre d'eau fraîche et une friandise. Tout en buvant mon expresso, je réfléchissais à la stratégie à adopter pour retrouver András. Mon premier réflexe a été de consulter internet sur le Smartphone dernier cri que je venais d'acheter pour remplacer mon vieux coucou à touches. Il existe, dans chaque pays, des annuaires en ligne — l'équivalent de nos Pages jaunes et blanches françaises — qui permettent de connaître les adresses et numéros de téléphone à partir du nom de la personne et de sa ville. Pour « András Ferenczy, Budapest », ma recherche n'a rien donné d'autre que ses anciennes coordonnées périmées. Je me suis alors souvenu qu'il avait une fille, une certaine Helena, habitant Vienne, et j'ai procédé de la même manière. Cette fois, j'étais optimiste : pas moins de huit « Helena Ferenczy » figuraient avec leur adresse et leur numéro d'appel, fixe ou portable, dans *Herold Business Data*, le principal éditeur autrichien d'annuaire en ligne. J'ai attendu d'être dans ma chambre d'hôtel pour les appeler les unes après les autres. La troisième Helena fut la bonne, celle qui m'intéressait.

Curieusement, ou pas, elle n'a rien voulu me dire par téléphone. Elle parlait français avec un léger accent et quand je lui ai révélé que je l'appelais au nom d'une vieille dame qui voulait retrouver son père, elle s'est méfiée et a voulu en savoir plus sur moi et sur cette femme. J'étais à Budapest, elle m'a donc proposé de passer la voir à Vienne, le lendemain en fin d'après-midi, après son travail. En train ou en voiture, je mettrais moins de trois heures pour faire les quelque 240 kilomètres qui séparent ces deux capitales.

J'ai opté pour le train. Il partait de la gare Keleti, l'ancienne gare de l'Est. J'ai appelé madame Irène de la salle d'attente pour l'informer des progrès de l'enquête : « Au moins, nous sommes sûrs que votre András est en vie, lui ai-je claironné dans l'oreille. Sinon, sa fille ne m'aurait pas demandé de venir à Vienne. » Ma cliente ne partageait pas tout à fait ma certitude :

— C'est possible, monsieur Simon (elle aussi m'appelait maintenant par mon prénom, depuis notre dernière conversation téléphonique), mais peut-être se méfie-t-elle et flaire-t-elle un danger concernant sa succession. Imaginez que cette Helena ait deviné la véritable raison de votre appel, elle a tout avantage à voir de quoi il en retourne et à gagner du temps pour agir au mieux de ses intérêts, surtout si son père est décédé, ne croyez-vous pas ?

Sans attendre ma réponse, elle ajouta sur un ton catégorique :

— D'ailleurs, quand vous la rencontrerez, dites-lui d'emblée que ma fille renoncera à demander sa part d'un éventuel héritage, et qu'un document sera déposé en ce sens chez le notaire de son choix.

J'ai confirmé que j'agirais selon ses directives. Elle prit une voix plus douce pour me demander :

— Êtes-vous bien installé à Budapest ? N'y fait-il pas trop froid ?

Je la rassurai. J'hésitais à l'interroger sur un point qui me préoccupait depuis le jour où elle m'avait contacté. J'estimais que c'était le bon moment. Mon train partait dans trois quarts d'heure, j'avais tout mon temps.

— Excusez mon indiscrétion, madame Irène, mais pourquoi m'avoir choisi pour cette affaire, moi qui ne suis pas un cador et, surtout, d'où connaissez-vous mes origines ?

J'ai entendu un rire saccadé, comme si elle s'attendait à cette question.

—Vous souvenez-vous de Laura, une adolescente très mignonne qui avait des problèmes de maths au lycée ? Il se trouve que ma fille lui a donné des cours particuliers…

Laura… Bien sûr, je me rappelais cette élève de seconde qui était dans ma classe. À l'époque, nous n'avions presque aucun secret l'un pour l'autre.

—Vous y êtes ? poursuivit madame Irène. Cette jeune fille, que j'avais prise en affection, m'avait parlé de vous et de votre famille hongroise, quand il est arrivé ce malheur à votre papa. Même si je ne vous connaissais pas, votre histoire m'avait profondément marquée, sans doute en raison de mon attirance pour la Hongrie. Alors, quand je me suis décidée à rechercher András, j'ai subitement pensé à vous, sans, bien sûr, présumer un instant de votre activité professionnelle. Un coup de téléphone à Laura, dont j'avais retrouvé la trace, et elle m'a donné votre nom de famille. L'examen de votre profil sur internet, par simple curiosité : il se trouve que vous correspondiez à ce que j'attendais. Voilà, je vous ai contacté…

*

Dans le train qui longeait le Danube, à cet endroit où le fleuve matérialise la frontière entre la Hongrie et la Slovaquie, je regardais glisser les péniches de grand gabarit derrière les hêtres recouverts de givre. Je repensais à cette période de mon adolescence où Laura et moi étions devenus si complices. Élèves de la même classe de seconde au lycée Victor Duruy, nous nous ignorions, jusqu'au jour où j'étais tombé amoureux de sa cousine, une lolita en terminale à laquelle j'étais prêt à me donner corps et âme, mais qui ne faisait pas plus attention à moi qu'un chat de gouttière qui vous snobe quand vous essayez de l'attirer dans la rue. Je m'étais rapproché de Laura, d'abord pour lui demander conseil, puis pour me faire consoler, tant l'attitude de sa cousine m'avait affecté. Malgré nos physiques avantageux (surtout le sien), nous en étions restés au stade de l'amitié, mais une amitié profonde et sincère qui nous mena jusqu'à nous confier nos secrets et nos pensées les plus intimes. À la rentrée scolaire suivante, nous nous étions retrouvés avec une joie non dissimulée en classe de première. Tout allait bien pour moi : j'avais fini par oublier sa cousine qui était partie en fac après son succès au bac. Je ne gardais pas un souvenir impérissable de mes vacances en Normandie où mes parents venaient d'acheter une résidence secondaire — une longère à colombages partiellement rénovée, avec un grand terrain au bord de la Seine — mais j'avais apprécié les relations chaleureuses et décontractées qui régnaient à nouveau au sein de notre famille. Je racontais à Laura comment mon père s'était transformé en gentleman-farmer bricoleur — je ne l'avais encore jamais vu tenir le moindre outil par le passé — et comment il avait retrouvé sa joie de vivre en aménageant notre fermette. Responsable d'édition dans une maison spécialisée sur le voyage et la découverte du monde, il préparait aussi pour la rentrée une nouvelle collection consacrée à l'Europe centrale. Chaque soir, après le dîner et l'immuable séance d'observation des constellations depuis la terrasse, il installait son ordinateur sur la table de ferme, étalait livres et manuscrits et travaillait pendant que ma mère et moi regardions la télévision. Régulièrement, il nous parlait avec enthousiasme des contacts qu'il avait déjà noués avec des auteurs, jeunes ou confirmés, pour la publication de leurs romans, récits ou carnets de voyage. Il devait les rencontrer en septembre, à Paris ou dans leur pays de résidence, pour discuter avec eux de leur contrat et de problèmes de forme ou de traduction. Il était dynamique, entreprenant, bavard, et foisonnait de projets, contrastant avec l'homme taciturne et désespéré qu'il avait si souvent été par le passé. Son attitude positive avait déteint sur ma mère qui, elle aussi, était transformée. Elle riait, elle chantait, elle était fière de lui et avait confiance en l'avenir. Depuis combien de temps ne s'était-elle pas sentie aussi légère et apaisée ?

Moins de trois mois plus tard, mon père se suicidait, et ni elle, ni moi, n'avions percé le voile des apparences.

*

Mes souvenirs se dissipaient dans les brumes qui flottaient au-dessus du Danube dont je n'apercevais plus la rive opposée. Le train approchait de Györ. Dans un peu plus d'une heure, j'arriverais à Vienne. Helena m'avait donné le nom et l'adresse d'un café dans le centre, non loin de *Stephansplatz*, où nous devions nous retrouver. Comme convenu, elle porterait une toque en renard naturel, un long manteau marron, et aurait à la main le quotidien hongrois *Magyar Hirlap*. Quant à moi, elle me reconnaîtrait, inévitablement : j'aurais un chapeau tyrolien des plus classiques surmonté d'une plume de paon que je venais d'acheter à la hâte dans une boutique de la gare, juste avant de partir, puisque pris de court, c'est ce couvre-chef ridicule qui m'était venu à l'esprit quand nous avions évoqué la question.

ELLE n'arrivait pas à maitriser son fou rire.

Nous étions assis face à face, sans parler, dans cette salle bondée du café *Korb*, et, de temps à autre, Helena s'esclaffait en regardant de biais mon chapeau que j'avais pourtant ôté depuis plusieurs minutes, avant de s'excuser de rire ainsi dans un chaos de mots inintelligibles. Son hilarité avait été spontanée lorsqu'elle m'avait vu entrer et me présenter à elle, devant sa table, mais je ne lui en voulais pas, au moins notre rencontre commençait-elle dans la joie. Elle avait encore sur la tête sa chapka en fourrure d'où s'échappaient des cheveux blonds et souples qui lui couvraient les épaules. Elle paraissait avoir dans les trente ans, et quand elle n'était pas reprise par son fou rire, ses yeux verts en amande me souriaient avec sympathie.

— Ce café est très populaire, m'expliqua-t-elle après s'être excusée une énième fois, dans un français parfait, avec un léger accent. Il est digne d'un *beisl*, vous savez, ces restaurants où l'on mange une cuisine typiquement viennoise. Si vous avez une petite faim, on peut commander. Il y a trois sortes de *Schnitzel* ici, ou des saucisses, comme vous voulez.

Je regardais autour de moi. Il n'était que 18 heures 30, mais beaucoup de clients dînaient. Des tables en formica, des photos d'acteurs, des affiches de films accrochées aux murs : la décoration était très inspirée des années soixante.

— Volontiers, lui dis-je, mais je tiens à vous inviter.

Elle me remercia et accepta, à condition d'offrir les bières, en attendant que nos plats arrivent. Je retardais le moment d'entrer dans le vif du sujet qui nous préoccupait, tant je la trouvais belle, avec son visage plein, parsemé d'éphélides, ses yeux pétillants de malice. Je lui demandai ce qu'elle faisait dans la vie. Elle réfléchit un moment, avant de lâcher le plus naturellement du monde :

— Je vis de mes charmes...

Et pour m'en convaincre, elle écarta légèrement les pans de sa veste en cuir, déboutonna un peu plus son chemisier, laissant apparaître la naissance de ses seins.

Je dus faire une tête improbable, parce qu'elle éclata de rire à nouveau, un rire exquis et moqueur.

— Mais non, je plaisante, me dit-elle en rabattant sa veste, je suis tout simplement chargée de clientèle à la Bank Austria, le premier groupe bancaire du pays.

Elle attendait ma réaction, mais comme elle ne venait pas, elle poursuivit, plus sérieusement :

— Et vous, monsieur Simon, quelle est votre profession, et pourquoi voulez-vous rencontrer mon père ?

Elle avait pris un air grave subitement, qui contrastait avec la figure enjouée qu'elle affichait jusque-là. Le froncement de ses yeux faisait apparaître deux petites rides entre les sourcils, et un pli d'amertume s'était formé au coin de sa bouche. Je ne savais pas comment répondre à ses questions. J'hésitais. Lui apprendre sans ménagement qu'elle avait une demi-sœur d'au moins dix ans son aînée, quelque part en France, pouvait lui faire un choc. Par chance, le serveur arrivait avec nos *Schnitzel*, ces escalopes panées bien dorées, accompagnées d'un écrasé de pommes de terre et d'une rondelle de citron. Je lui souhaitai bon appétit et je commençai à manger, pour gagner du temps.

—Voyez-vous, lui dis-je, après une première bouchée, je suis chargé par une vieille dame qui a bien connu votre papa de lui transmettre un message.

Helena me regardait maintenant d'un œil inquiet, la fourchette bêtement suspendue en l'air. Elle me demanda sur un ton agacé :

— Une dame ? Quelle dame ? Et vous, qui êtes-vous ? Vous êtes flic, ou quoi ?

Elle enleva sa toque, ébouriffa d'une main ses cheveux et les remit en place. Elle ne riait plus à présent, elle ne riait plus du tout.

— Je ne suis pas de la police, la rassurai-je, mais détective privé. Ma cliente me paie pour retrouver votre père.

Elle avait à peine entamé son plat. Je l'invitai à manger et lui tendis son verre de bière qu'elle n'avait pas encore touché. Elle en but une gorgée, l'air préoccupé. Un peu de mousse restait collée à ses lèvres.

—Allez ! Dites-moi tout, puisque vous êtes ici pour ça, insista-t-elle. Et arrêtez de tourner autour du pot ! Aujourd'hui, mon père est un vieux monsieur. Je sais, il n'a pas toujours été blanc comme neige, mais il a reconnu ses erreurs et il s'est racheté…

J'ignorais de quoi elle parlait. Je cherchai la photo de Marika dans mon sac, il était temps que j'abatte mes cartes.

— Helena, balbutiai-je, votre père... votre père...

Elle buvait mes paroles, et même, les aspirait.

— ... votre père vous a fabriqué une grande sœur avec la femme qui m'envoie, lâchai-je, en lui glissant le cliché sous les yeux.

Elle était troublée, mais moins que je m'y attendais. Helena semblait même soulagée et, sur le moment, cela m'a étonné. Elle est restée silencieuse devant le portrait de la jeune femme, excepté pour répondre au garçon qui desservait la table : elle n'avait presque rien mangé. J'ai réglé l'addition et nous nous sommes levés. Jusqu'ici, je l'avais seulement vue assise. Elle était grande et bien découplée, souple et gracieuse dans ses mouvements lorsque je l'ai aidée à enfiler son manteau. Elle m'a demandé de la raccompagner : elle habitait à deux pas. Elle désirait me parler.

Nous avons marché sans un mot dans la nuit, à travers les rues pavées. Elle m'a donné le bras, comme c'était sans doute encore l'usage en Europe centrale, et, malgré les sollicitations des cochers, nous n'avions aucune envie de faire une balade en fiacre. Elle a composé le code de la porte d'entrée d'un immeuble. Nous avons pris l'ascenseur. Elle a appuyé sur le bouton menant au cinquième. Nous sommes montés en silence, attentifs au léger bruit de frottement de la cabine au passage des étages. Toute trace d'inquiétude avait disparu de son visage. Je l'observais du coin de l'œil et je me demandais ce qu'elle avait à me dire.

— Vous savez, cette nouvelle me rend plutôt heureuse, lança-t-elle, en se débarrassant de son manteau et en m'invitant à en faire autant. Au moins, mon père a dû avoir un peu de bonheur avec cette femme. Excusez-moi d'être aussi directe, mais il ne s'est pas beaucoup amusé avec ma mère : elle était si sèche et si froide ! ...

Helena, elle, était tout l'inverse ; un corps aux formes généreuses, qui évoluait tout en sensualité à travers l'appartement. Un appartement meublé moderne avec des éclairages indirects qui créaient un jeu d'ombres et de lumières.

— Je vous offre un cognac, ça vous ira ? cria-telle de la cuisine.

Elle revint avec deux verres tulipes, une bouteille de Marnier X.O déjà largement entamée, et s'assit près de moi sur le canapé.

— J'adore mon père, et je ferais n'importe quoi pour lui, souffla-t-elle en me servant. Il le mérite. Je vous donnerai son adresse à Budapest et je l'avertirai de votre venue, sans rien lui révéler, naturellement. Ainsi, vous pourrez lui annoncer vous-même la nouvelle. Je suis sûre qu'il en sera ravi. Étonné, mais ravi. Il ne m'a jamais parlé de cette femme. Quel âge a-t-elle ?

— Dans les soixante-quinze ans, je dirais.

— András en a presque dix de plus. En tout cas, ils ont fait ensemble une très jolie fille. Vous pouvez me remontrer sa photo ?

Je me levai et me dirigeai vers le couloir où était accroché mon manteau. J'étais satisfait. Dans deux jours tout au plus, je rentrerais à Paris, mission accomplie.

— Marika est une belle rousse, en effet, dis-je, en lui tendant le cliché.

Helena se pencha sous la liseuse qui éclairait le sofa pour l'examiner, m'offrant une vue plongeante sur son décolleté.

— J'aimerais tant la connaître ! Vous nous organiserez une rencontre à Paris ? J'accompagnerais mon père et je reverrais avec plaisir votre magnifique capitale. Je ne vous l'ai pas encore dit, mais j'y ai séjourné plusieurs mois, il y a quelque temps déjà.

Je m'expliquais son excellente maîtrise de la langue française. Elle nous reversa une rasade de ce vieux cognac suave et onctueux qui roulait sous la langue.

— Paris, c'est dans cette ville que j'ai pris conscience de pas mal de choses, reprit-elle, et c'est de cela dont je voulais vous parler. Connaissez-vous le centre Simon Wiesenthal, une ONG basée à Los Angeles, qui œuvre pour la mémoire de la Shoah et qui tire son nom du célèbre chasseur de nazis ?

Elle poursuivit, sans me laisser le temps de répondre.

— Elle a été fondée en janvier 1977 et, quand mon père en a découvert l'existence, il s'est promis d'en devenir membre et de s'y investir corps et âme. Je suis venue au monde cette même année. À quarante-neuf ans, il a vu dans ces deux naissances espacées de quelques semaines seulement, le signe annonciateur d'un nouveau départ dans sa vie : il allait traquer, avec cette organisation, les criminels de guerre nazis exilés ou en fuite, et, plus particulièrement, l'un des plus sadiques d'entre eux, le hongrois Konrád Söze. Des témoins survivants se souvenaient qu'avant même les déportations, cet officier des Croix fléchées avait torturé de nombreux Juifs et les avait traités avec une extrême cruauté, fouettant les femmes, les forçant à creuser des tranchées à mains nues. Le monstre a été condamné à mort en 1947 par un tribunal populaire pour avoir déporté plus de 15 000 Juifs, mais il réussit à s'enfuir au Canada l'année suivante et à y obtenir la citoyenneté canadienne sous un nom d'emprunt. Devenu marchand d'art, il aurait certainement pu continuer à vivre ainsi en toute tranquillité, si les autorités du pays n'avaient découvert sa véritable identité et ne l'avaient arrêté en 1997. Aussitôt prévenu, mon père s'est envolé pour Toronto, mais le criminel s'était une fois encore échappé sans laisser de traces. De retour à Budapest, et me sachant à la recherche d'un stage de fin d'étude, il m'a incitée à adresser une lettre de motivation à cette ONG qui disposait de bureaux à travers le monde, à New York, Los Angeles, Toronto, Paris, Jérusalem, etc. J'ai choisi Paris, à cause de sa proximité avec Budapest et de son romantisme...

Helena se leva et se dirigea vers une petite commode, sous la fenêtre. Elle revint, une cigarette entre les lèvres.

—Vous fumez, demanda-t-elle ? en me tendant le paquet.

La dernière Dunhill que j'avais allumée remontait à trois ans, mais ce soir-là, je fus tenté de reprendre, pour la première fois. L'effet de l'alcool, la certitude de récupérer l'adresse d'András et d'honorer mon engagement vis-à-vis de madame Irène, la beauté d'Helena, tout cela concourrait à banaliser mon addiction. Je me ressaisis *in extremis* et lui présentai la flamme du briquet qui traînait sur le guéridon. Elle tira une bouffée.

— Je ne vous ennuie pas avec cette histoire, s'inquiéta-t-elle ? Je suis tellement fière de mon père ! Je souhaitais vous le dire, pour que vous cerniez un peu mieux sa personnalité.

Elle but une gorgée de cognac. Je la trouvais insaisissable. En quelques heures, elle était passée du fou rire à la provocation, de l'agacement à l'inquiétude, du soulagement à l'enthousiasme et maintenant elle parlait avec une soudaine gravité d'un sujet auquel j'étais loin de m'attendre.

— Pas du tout, répondis-je, continuez, je vous en prie ! D'ailleurs, cette période ne m'est malheureusement pas inconnue : ma famille paternelle, elle aussi, a subi les exactions des Croix fléchées et une partie a été déportée vers les camps. Mes grands-parents et mon père ont survécu par miracle.

Helena me regarda avec stupeur.

— Excusez-moi, je suis sincèrement désolée, vous devez être profondément bouleversé, j'ignorais tout de vos origines…

Elle ne savait plus quoi faire. Elle se leva, se rassit, se releva, le visage caché entre les mains. J'ai cru qu'elle allait pleurer. Je versai à boire et lui tendis son verre. Je la découvrais les joues en feu, confuse, les cheveux en désordre.

— Ne vous inquiétez pas, la rassurai-je, des hommes comme votre père sont admirables. Ils sont en quelque sorte les porte-drapeaux de notre profession. Je vous rappelle que je suis détective, un piètre détective, comparé à lui…

Elle esquissa un timide sourire et consentit à poursuivre, d'une voix étranglée :

— J'ai commencé à m'impliquer sérieusement dans l'ONG à titre bénévole, à partir de 2004, avec l'opération *Dernière chance*. Celle-ci portait bien son nom : les quelques criminels nazis encore en vie étaient, bien sûr, tous en âge de mourir. Konrád Söze, par exemple, avait déjà quatre-vingt-deux ans en 1997 quand il s'est enfui du Canada. Mon père continuait à le rechercher ; c'était devenu une obsession. Il avait constitué un réseau de plus de 500 informateurs à travers le monde ; je l'aidais au mieux, dans la mesure de mon temps disponible, mais nous n'avions aucun indice, malgré les moyens déployés par le directeur du Centre pour aider les enquêteurs : encarts publicitaires dans les journaux, lignes téléphoniques ouvertes 24 h sur 24, et, surtout, offres de primes conséquentes à tous ceux qui pouvaient nous mettre sur une piste. Enfin, un beau jour de septembre 2010, et ce fut vraiment un merveilleux beau jour, un informateur anonyme a donné à András des renseignements qui lui ont permis de le localiser ; Konrád Söze s'était tout simplement réfugié à Budapest où il vivait sous un nom d'emprunt depuis qu'il s'était enfui du Canada…

Nos verres étaient vides, comme l'était la bouteille de cognac. Helena alla dans la cuisine et revint avec un millésime tout aussi onctueux. Elle parlait maintenant depuis plus d'une heure et son histoire me passionnait. De chasseurs de nazis, je ne connaissais que Serge et Béate Klarsfeld, ce couple légendaire qui, parmi d'autres criminels de guerre, a contribué à l'arrestation de Klaus Barbie, réfugié en Bolivie sous une fausse identité. Je n'avais jamais entendu parler, jusqu'à ce jour, de Simon Wiesenthal — Helena m'apprit que cet ancien architecte autrichien, rescapé des camps, a consacré la plus grande partie de sa vie à poursuivre les criminels nazis pour les traduire en justice — ni, bien sûr, d'András Ferenczy, le traqueur obsessionnel de Konrád Söze. J'avalai une lampée de cognac et demandai à Helena si Söze avait été arrêté rapidement et condamné.

— Pensez-vous ! me répondit-elle, avec une moue de dépit. Le directeur du Centre a aussitôt alerté les autorités hongroises de sa présence à Budapest. Mais dans un contexte politique tendu où notre Premier ministre ne veut pas se mettre à dos l'extrême droite antisémite, et même où il la caresse dans le sens du poil, comme vous dites en France, la police a tardé à enquêter. Il a fallu attendre presque un an, et qu'un article du tabloïd britannique *the Sun*, indique, photos à l'appui, que le criminel nazi hongrois avait été identifié et retrouvé dans la capitale, pour qu'il soit enfin assigné à résidence et que débute l'enquête. Aujourd'hui, Konrád Söze a quatre-vingt-dix-sept ans et il y a toutes les « chances » qu'il décède avant son procès…

Helena avait prononcé ces derniers mots avec virulence et ses yeux verts étincelaient. Étaient-ce les effets de sa colère devant les lenteurs judiciaires de son pays, ou bien ceux de l'alcool ? Les deux, sans doute… Par pudeur, et la fatigue me gagnant, je ne lui demandai pas si son père était Juif et s'il avait été déporté pendant la guerre. Au regard de son engagement à traquer le génocidaire hongrois, c'était une évidence. J'ai aussi procédé à un rapide calcul. D'après Helena, András avait quarante-neuf ans en 1977, et donc seize en 1944. Je savais, par exemple, qu'Imre Kertész, le célèbre écrivain hongrois, prix Nobel de littérature, avait été déporté à Auschwitz cette même année, à l'âge de quinze ans, puis transféré à Buchenwald. J'en conclus qu'il avait pu en être de même pour András Ferenczy. Je n'allai pas plus loin dans mon raisonnement, préférant réfléchir à l'endroit où j'allais dormir cette nuit. Il était tard et je n'avais pas réservé d'hôtel, ce que j'ai dit à Helena. Aimablement, elle m'a proposé le canapé du salon, ce même canapé moelleux et confortable sur lequel nous étions assis. J'ai accepté sans réticence et sans autre idée derrière la tête.

Nous nous sommes souhaité bonne nuit.

Malgré la fatigue, j'eus du mal à trouver le sommeil. Je repensais à András, à ces hommes qui consacrent encore leur vie à pourchasser les derniers criminels nazis, et je me suis dit, non, il n'est pas nécessaire d'avoir subi soi-même les persécutions pour en rechercher les responsables : toutes les victimes méritent qu'on retrouve leurs assassins.

J'ai fini par m'endormir.

— JE vous ai laissé sur la table basse l'adresse de mon père à Budapest. Allez le voir quand vous voulez. Il sort très peu de chez lui. Je le préviendrai…

À peine réveillé, j'entendais Helena aller et venir entre le salon et sa chambre. Elle était déjà habillée, parfumée. Je me redressai et me calai contre l'oreiller.

— J'ai une réunion importante et je dois malheureusement partir… Vous trouverez dans la cuisine de quoi vous faire un petit déjeuner. Je suis désolée. Tenez-moi sans faute au courant. Vous n'aurez qu'à tirer la porte derrière vous en partant…

Clac ! Elle avait disparu. Il flottait dans la pièce des effluves de *Chanel N°5*, seules preuves de son passage éclair au travers des limbes de mon demi-sommeil. Autant elle s'était longuement confiée à moi au cours de la soirée, autant elle s'empressait maintenant de me quitter. Elle était tout en contrastes. J'avais du mal à la cerner.

Je me levai pour me faire un café. Me retrouver seul dans cet appartement que je ne connaissais pas et dans lequel je pouvais me mouvoir à ma guise en T-shirt et en caleçon, me procurait une sensation étrange. Découvrir les livres d'Helena, ses DVD, ses bibelots, son mobilier, sa manière d'agencer l'espace me donnait l'impression de violer son intimité. J'allumai le lecteur de CD et appuyai sur Play, à tout hasard ; je reconnus la voix si particulière de Leonard Cohen. Une photo du chanteur, coiffé de son chapeau, debout avec sa guitare, illustrait la jaquette posée à côté de l'appareil. Je m'avançai avec les premières notes de *Dance me to the end of love* vers la baie vitrée. Le ciel était gris et bas. Non loin, j'apercevais la tour sud de la cathédrale Saint-Étienne et les dessins géométriques multicolores de son toit. Au pied de l'immeuble, des passants emmitouflés dans leurs manteaux pressaient le pas.

Je récupérai sur la table le papier où était inscrite l'adresse d'András et le rangeai dans mon portefeuille. C'était déjà une victoire. Il me suffisait maintenant de lui annoncer qu'il était le père d'une jolie fille de quarante-cinq ans et de lui remettre la lettre de madame Irène. Après, il ferait ce qu'il voudrait de tout cela, ce n'était plus mon problème. Helena m'avait dit qu'il avait encore toute sa tête et qu'il parlait anglais et allemand. Je n'aurais donc aucune difficulté à communiquer avec lui. Finalement, cette affaire, je l'avais rondement menée, et, même si Helena venait de s'éclipser un peu vite à mon goût, j'avais réussi à gagner sa confiance. Cela me surprenait. Habituellement, j'étais moins efficace. À ma décharge, j'avais choisi ce métier faute de mieux. Après le suicide de mon père, j'avais progressivement lâché mes études et rejeté mes camarades de lycée. Même Laura, ma confidente et amie, je l'avais repoussée. J'étais si mal à l'époque ! Je culpabilisais de n'avoir pas su le faire parler, lui parler. Recalé au bac, parti un temps vivre à la campagne près de Rocamadour, je m'étais bientôt lancé à l'assaut des cimes neigeuses pour préparer le monitorat de ski alpin. Pourtant, je n'avais pas manifesté jusque-là une passion particulière pour ce sport. J'étais seulement un très bon skieur parisien qui avait pratiqué cette activité plusieurs années pendant les vacances scolaires. Si je m'étais surpassé dans l'épreuve de slalom, il en avait été autrement pour la descente : j'avais bien entendu adopté la « position de l'œuf » sur la ligne de départ, selon les recommandations de Jean Vuarnet, mais l'œuf était sorti de la piste telle une grenade, et avait terminé en brouillade contre un arbre. Acte manqué ? Tentative de me punir du malheur qui venait de me frapper et dont je m'accusais ? Seul un psychanalyste que je n'ai jamais envisagé de consulter aurait pu m'éclairer. Remis de mes multiples fractures après plusieurs mois de rééducation à Paris, sans diplôme, sans don particulier, sans ambition, j'étais tombé un jour de canicule sur cette petite annonce : *Recherchons stagiaire : se présenter à l'agence Leotard Détective,…, Paris Xe, le… à… heures.*

C'est ainsi que ma « carrière » avait commencé.

Peu après la fin de mon stage, je me suis installé à mon compte, mais je me suis très vite aperçu que je n'étais pas Marlowe, et encore moins Holmes ou Poirot. Je fonctionnais plutôt comme Card, le privé de Brautigan, un peu loser, sans secrétaire, sans téléphone, sans voiture, en mal de clients…

J'étais donc en sous-vêtements dans le salon d'Helena, à me féliciter de la tournure prise par les évènements, et je m'apprêtais à téléphoner à madame Irène que l'affaire était dans le sac, quand mon portable a sonné.

— Simon, vous êtes toujours là ?

Je reconnus la voix de mon hôtesse.

— Écoutez, il y a eu un contretemps pour ma réunion, elle est annulée, du coup je peux rentrer, j'ai très envie de passer un moment avec vous…

J'ai été surpris de cette déclaration soudaine, mais j'adoptais le ton délibérément neutre de celui qui en a vu d'autres.

— Eh bien, si vous voulez, d'accord, entendu, OK, volontiers… J'allais partir, mais j'attraperai le train suivant pour Budapest, je ne suis pas si pressé, après tout.

Elle me répondit qu'elle arriverait d'ici une demi-heure et raccrocha.

Je fis un entrechat qui me fit décoller d'au moins 50 cm du sol, tellement je jubilais, et je me précipitai sous la douche. La voix de Leonard Cohen entonnait *Hallelujah*. C'était de circonstance. Je me rasai, me pulvérisai de *Terre d'Hermès*, une eau de toilette boisée, végétale, minérale, qui pourrait, j'en étais certain, favoriser une nouvelle forme d'intimité. Je fouillai dans ma valise, passai le plus beau pull que j'avais emporté, et attendis, assis sur le canapé.

Bientôt, j'entendis un bruit de clé dans la serrure. Helena m'apparut par l'entrebâillement de la porte, belle, désirable, habillée de son manteau de la veille, sa chapka en fourrure à la main. Avec ses cheveux blonds ébouriffés, elle me rappelait l'actrice en vogue d'une série française. Elle ouvrit la porte, et je vis deux malabars entrer derrière elle, l'air pas commode du tout.

— Mon cher Simon, commença Helena, je vous présente deux collègues de travail. Vous allez vous préparer et nous suivre gentiment. Nous vous raccompagnons à l'aéroport. N'ayez crainte, il ne vous sera fait aucun mal. Je veillerai moi-même à ce que vous embarquiez dans l'avion pour Paris dans les meilleures conditions.

J'observais ses deux acolytes qui se tenaient debout derrière elle. Des costauds d'un mètre soixante-dix, presque aussi larges que hauts. Tout en m'ayant à l'œil, leurs regards furetaient dans les recoins de l'appartement qu'ils semblaient découvrir. Je ne comprenais pas ce qui m'arrivait. Je m'attendais à tout, sauf à ça. J'avais tout faux. En un instant, j'étais passé du rêve à la réalité. Une fois de plus, la situation m'échappait.

— Que se passe-t-il, Helena ? Vous paraissiez pourtant si coopérative. Quelle est la raison de cette volte-face ?

Elle m'a fixé longuement.

— Je n'ai rien contre vous, Simon, bien au contraire, mais j'ai réfléchi : je ne veux plus que vous rencontriez mon père ! Quand je vous ai quitté tout à l'heure, je n'avais pas de réunion, c'était un prétexte pour m'éclipser. Je vous ai laissé une fausse adresse, j'ai écrit n'importe quoi sur ce papier. Et si vous étiez parti avant mon coup de fil, vous n'aviez aucune chance de retrouver mon père. Je n'ai pas à me justifier auprès de vous ; ma décision est prise. Mais je me suis dit qu'il valait quand même mieux que je vous avertisse. Inutile de vous faire perdre votre temps…

J'étais abasourdi. J'aurais pourtant dû me méfier : « Quand tout va trop bien, c'est que Dieu est en train de se foutre de ta gueule », a écrit Ken Bruen, un auteur irlandais que j'apprécie. Le problème, c'est que je n'étais pas croyant. Alors qui d'autre se moquait de moi, si ce n'était Helena ?

— Pourquoi ? protestai-je, et pourquoi être venue avec vos anges gardiens ? Vous aviez peur que je vous séquestre ?

Je la regardai avec insistance, jusqu'à ce qu'elle se décidât à répondre.

— Voilà ce que je vous propose, me déclara-t-elle, après un temps. Vous me laissez la photo de Marika et je la remettrai moi-même à mon père, en lui expliquant toute l'histoire. Je suis certaine qu'il contactera votre cliente, si vous me donnez ses coordonnées, et peut-être souhaitera-t-il connaître sa fille.

Elle avait l'art d'esquiver les questions. Je ne comprenais toujours pas sa volte-face. La veille elle semblait si disposée à me laisser agir, mais je n'avais pas le choix. Je ne pouvais pas la forcer à revenir sur sa décision, d'autant que ses deux chiens de garde n'avaient pas l'air de plaisantins. Je lui signifiai mon accord. Elle me gratifia d'un sourire.

— Tout est bien qui finit bien, conclut-elle ; après tout, votre mission ne consistait-elle pas à retrouver mon père et à l'informer de sa paternité ? Voilà qui sera fait, je vous en donne ma parole.

Je bouclai ma valise sans répondre, en signe de capitulation. Au fond de moi, je pensais qu'elle avait raison. Mais qui me disait qu'elle tiendrait sa promesse et ne déchirerait pas la photo ? Avec Helena, je n'étais plus sûr de rien. Elle venait bien de me trahir ; pourquoi ne le ferait-elle pas à nouveau ? Ma mission consistait à remettre ce document en main propre à András et j'avais échoué. Je n'étais pas fier de moi.

— Maintenant que nous sommes tombés d'accord, je peux aussi vous faire conduire à la gare, me proposa-t-elle en sortant de l'ascenseur. Si le cœur vous en dit, il y a beaucoup à voir à Budapest…

Nous nous sommes arrêtés sur le trottoir, au pied de son immeuble. Les comparses d'Helena sont montés à l'avant d'une Mercedes garée non loin et le conducteur a mis le moteur en marche. Elle s'est coiffée de sa toque en fourrure. Je la trouvais plus belle encore que la veille, quand je l'avais découverte à sa table, dans le café *Korb*. Par mimétisme, j'ai mis mon chapeau tyrolien. Mais elle n'a pas éclaté de rire cette fois. J'optai pour un retour à Paris. Je n'avais plus rien à faire à Budapest. Ma mission était terminée, pas comme je l'aurais souhaité, mais elle était terminée. Je tentais une ultime demande d'explication sur son refus de me faire rencontrer son père.

Elle m'a regardé intensément, avec douceur et mélancolie.

— Je vous laisse entre les mains de mes collègues, a-t-elle murmuré. J'ai été ravie. Excusez-moi... Je ne vous raccompagne pas, j'ai à faire...

Je suis monté dans la voiture qui a aussitôt démarré.

De retour à Paris, j'ai traversé une petite période de déprime où je n'ai pas vu le jour. Terré dans mon deux-pièces de la Butte-aux-Cailles, dont je ne sortais que pour faire les courses essentielles, je somnolais du matin au soir. Éveillé ensuite jusque tard dans la nuit, je pouvais rester des heures à observer du haut de mon immeuble les quelques fenêtres voisines encore éclairées. Mon regard était comme aimanté. J'ignorais qui vivait derrière ces vitres, mais si, par une permutation magique, j'avais pu changer de perspective pour voir à travers l'une d'elles l'éclat de la mienne, je me serais demandé quel pouvait être le pauvre type qui habitait là.

Pourtant, madame Irène avait été charmante et des plus indulgentes quand je m'étais rendu chez elle pour lui remettre mon rapport et le commenter. Elle avait été surprise, et plutôt agréablement, en apprenant le rôle qu'avait joué András auprès des anciens criminels nazis. « J'aurai attendu plus de quarante-cinq ans pour lui révéler qu'il est le père de Marika ; alors, je peux bien patienter quelques jours encore... », m'avait-elle rassuré, en voyant mon air de chien battu. Son optimisme n'ayant d'égale que sa générosité, elle m'avait défrayé jusqu'au dernier centime et m'avait alloué une somme plus que coquette pour mes prestations. J'avais eu beau dire que je ne méritais pas une telle rémunération, elle n'avait rien voulu savoir. « D'ailleurs, je vous garde sous le coude pour la suite des opérations, avait-elle ajouté. Vous nous organiserez une rencontre inoubliable, le jour où András me contactera. »

C'était pour moi inexplicable, mais madame Irène semblait m'apprécier. Et elle était d'un naturel confiant, ce qui n'était pas mon cas. Ressassant la soirée et la matinée que j'avais passées avec Helena, je me disais que ses réactions avaient été, pour le moins, équivoques. Pourquoi, par exemple, avait-elle paru si soulagée dans le restaurant, en apprenant que son père avait fait un bébé à ma cliente, alors qu'une minute auparavant, elle manifestait des signes évidents d'inquiétude à l'annonce de ma profession ? On aurait dit qu'elle craignait de ma part, et surtout de madame Irène que je représentais, une sorte de menace. Je me souvenais encore de sa réplique, lancée sur le ton de l'agacement : « Je sais, András n'a pas toujours été un ange, mais il a reconnu ses erreurs et il s'est racheté... » J'avais pensé sur le moment que cette confession avait trait aux infidélités conjugales de son père, mais je réalisais aujourd'hui que ce n'était certainement pas de cela qu'il s'agissait. L'autre interrogation était, bien sûr, le revirement d'Helena, comme si elle avait redouté une confrontation entre son père et moi. Pourtant, je n'avais pas manqué de manifester, en l'écoutant, mon admiration pour cet homme, ce traqueur de nazis qui m'avait tellement impressionné : il forçait mon respect, et sa fille pouvait se douter que j'aurais été honoré de faire sa connaissance.

Face à ces interrogations sans réponses qui, à force de tourner dans ma tête pendant des jours, engendraient d'autres questionnements tout aussi stériles, je décidai de me changer les idées et de faire une petite visite à ma mère. Elle s'était remariée trois ans après le suicide de mon père et habitait une banlieue chic, à l'ouest de Paris. Avant de partir à Rocamadour, je l'avais vivement encouragée à refaire sa vie, mais quand, à mon retour, elle m'avait présenté Georges, celui dont elle s'était entichée, j'avais déchanté. Grand et massif, la cinquantaine grisonnante, il était tout le contraire de mon père : hâbleur, plein d'assurance, ce monsieur Je-sais-tout monopolisait la parole et ne parlait que de lui. Impossible d'en placer une lorsqu'il était lancé. Il était ce que certains appellent un narcissique conversationnel et, selon moi, un narcissique tout court. Centré sur lui-même, il n'accordait aucune attention aux autres, et je me demandais comment ma mère, habituellement si perspicace et intuitive, avait pu rester plus d'une semaine avec lui ! Personnellement, je l'évitais autant que possible — plus encore en cette année d'élection présidentielle où sa candidate était Marine Le Pen — et je m'assurais toujours de son absence les rares fois où j'allais voir ma mère.

Elle m'ouvrit peu après mon coup de sonnette et m'accueillit avec joie. Menue, pimpante, toujours jolie malgré son âge de jeune retraitée de l'Éducation nationale, elle s'occupait de sa grande maison, pendant que Georges s'adonnait à ses activités multiples : chasse, golf, militantisme au Front National.

— Comment vas-tu, mon chéri, me demanda-t-elle en me serrant sur son cœur. Ça fait si longtemps…

Elle s'était mise sur la pointe des pieds pour m'embrasser. J'avais une envie folle de la soulever, de la prendre dans mes bras et de l'emporter à l'intérieur, mais elle m'a pris la main et je l'ai suivie jusqu'au salon. Le feu crépitait dans la cheminée. Je me suis installé dans un des fauteuils réservés aux invités — le maître de maison ne supportait pas que l'on s'assît dans le sien — pendant que ma mère allait dans la cuisine.

— Et tes filatures, tu t'en sors ? me demanda-t-elle, en revenant avec un plateau chargé de verres, de boissons et de petits gâteaux.

Elle en était restée à mes débuts où j'étais cantonné dans des histoires de maris trompés qui me demandaient de surveiller leurs épouses. Je lui ai parlé de l'affaire qui m'occupait aujourd'hui, de Budapest, de ma rencontre avec Helena.

— Ça a dû te chambouler, de découvrir la ville où est né ton père !

Les larmes lui montaient aux yeux. Je la rejoignis sur le canapé, l'enveloppai de mes bras et la serrai contre moi pour cacher mon émotion.

— Il me manque, a-t-elle lâché dans un sanglot, pas toi ?

Je pleurais en silence, le visage dissimulé dans ses cheveux. Elle se détacha de moi, essuya ses joues et remit sa coiffure en place.

— Il n'était pas facile, tu sais…

Cela, je le savais. Pour le reste, je le connaissais si peu. Malgré sa difficulté à vivre, j'avais toujours espéré le voir se confier à moi. Mais il m'était resté à jamais inaccessible.

Nous avons fini nos verres.

— Et avec ton gros con, ça va ? ai-je lancé pour détendre l'atmosphère.

Entre nous, il s'était instauré une sorte de jeu. Ma mère s'attendait à ce genre de moquerie de ma part, à un moment ou à un autre de la conversation. Le plus souvent, elle levait les yeux au ciel, prenait un air faussement outré et me répondait, avec un sourire en coin : « Simon, tu exagères ! »

Je n'exagérais en rien. Je me demandais seulement ce qu'elle trouvait à ce type.

Après l'avoir quittée, je décidai de faire un saut à mon bureau, malgré l'heure tardive. La première chose que je constatai en ouvrant la porte, c'est que ma lampe était restée allumée. J'étais passé l'avant-veille taper mon rapport pour madame Irène et depuis, je n'étais pas revenu. Je n'avais pas non plus éteint l'ordinateur qui était plus chaud qu'une bouillotte et prêt à exploser : dysfonctionnement du système de mise en veille. Maintenant que j'avais de l'argent, je pourrais m'acheter le dernier modèle HP 007 que tout le monde s'arrachait. Je m'assis et consultai mes nouveaux mails que j'envoyai tous à la poubelle. De ma fenêtre qui donnait sur cour, je pouvais voir évoluer, dans l'appartement d'en face éclairé par des néons, une dizaine de petites filles que les parents avaient inscrites dans cette école de danse de quartier. Elles devaient avoir entre cinq et douze ans et répétaient leurs mouvements au son d'une musique que je ne pouvais entendre, m'offrant comme une danse d'elfes au clair de lune qui me semblait irréelle. J'arrêtai l'ordinateur, attendis un moment qu'il refroidisse et le rallumai. Miraculeusement, il fonctionnait. Par curiosité, je tapai sur Google *Chasseur de nazis*. Wikipédia en dressait une liste par ordre de notoriété : Serge et Béate Klarsfeld, Simon Wiesenthal, le directeur du centre éponyme à Jérusalem : Efraïm Zuroff, ou encore, les procureurs allemand et américain Fritz Bauer et Eli Rosenbaum.

Je cliquai sur *Simon Wiesenthal* et découvris la biographie de ce rescapé des camps qui mourut en 2005 à l'âge de quatre-vingt-seize ans. Il avait donné son nom au centre pour lequel Helena et son père avaient travaillé. Bien qu'il ait été critiqué pour ses nombreuses incohérences dans ses autobiographies, ses affirmations injustifiées concernant l'arrestation de plus de 800 nazis, et l'exagération de son rôle dans la capture d'Eichmann, Simon Wiesenthal était devenu, au fil du temps, l'archétype du chasseur de criminels nazis. Il a travaillé jusqu'à quatre-vingt-dix ans et le dernier qu'il retrouva fut Julius Viel, condamné en 2001. Il déclara peu avant de mourir : « Je leur ai survécu à tous. S'il y en avait que je n'ai pas cherchés, ils sont aujourd'hui trop vieux pour être poursuivis. Mon travail est fait. »

Plusieurs ouvrages biographiques ont été écrits sur ce personnage hors du commun. Lui-même avait publié quelques livres, dont l'un m'attira plus particulièrement, par la beauté de son titre : *les Fleurs de soleil*. Je consultai à nouveau internet. Le thème de cet ouvrage m'interpella : le pardon. N'ayant rien d'autre à faire qu'à attendre une suite éventuelle à ce que j'appelais désormais le Dossier Marika, je décidai de le commander.

PEUT-ON pardonner l'impardonnable ? Par une journée ensoleillée de 1942, un soldat SS de vingt et un ans, à l'agonie, qui avait participé à l'extermination d'un village sous les flammes, fait venir Simon Wiesenthal dans sa chambre pour qu'il recueille sa confession. Choisi au hasard parmi les déportés, il n'est là que parce qu'il est juif. C'est d'un Juif que ce jeune SS attend le pardon. Peu importe lequel. Au terme de cette confession terrible, Simon Wiesenthal ne répondra que par le silence, refusant à l'assassin de laver sa culpabilité. Mais cette question le hantera le reste de sa vie : aurait-il dû pardonner ? A-t-il eu tort ? Peut-on faire acte de pitié quand les crimes commis sont innommables ? Est-on humain parce que l'on pardonne ? Pardonner permet-il de briser le cycle de la haine et à quelles conditions ? Peut-on accorder soi-même une rédemption au nom d'autres victimes ?

Le récit est éclairé par les témoignages de personnalités du monde philosophique, politique, religieux, qui ont répondu à la question de l'auteur : *et vous, qu'auriez-vous fait à ma place ?*

Moi qui ne faisais pas partie de cette élite intellectuelle, j'avais tendance à prendre à mon compte la réponse que fait à Wiesenthal son ami Josek. Josek est un personnage profondément religieux : « Pendant que tu nous racontais ta rencontre avec le SS, j'avais presque peur que tu te sois laissé arracher un pardon... Si tu le veux, tu peux pardonner et oublier ce que tu as subi personnellement. Dans ce cas, tu n'as de compte à rendre qu'à toi. Crois-moi, ce serait un grand péché de prendre sur ta conscience les souffrances des autres. »

Par curiosité, je consultais les contributions des personnalités qui avaient accepté, trente ans après la publication du récit de Wiesenthal (en 1969), de répondre à sa question. Olivier Abel, professeur de philosophie et d'éthique à la faculté protestante de théologie de Paris, est de l'avis de Josek. Dans un texte sous forme de lettre adressée à Simon Wiesenthal et à ses descendants, il écrit : « Je pense que votre narrateur a bien fait : il ne pouvait pas pardonner ce qui avait été fait à d'autres, comme l'observe à un moment Josek formulant les bonnes raisons qu'a eues le narrateur de ne pas pardonner. Celui qui pardonne doit être celui qui a subi le tort, et nul ne peut usurper cette place. Comme l'écrivait jadis Emmanuel Lévinas, pensant à la même chose, pour moi je peux pardonner, mais pour les autres, je demande justice. »

Matthieu Ricard, installé depuis 1972 dans l'Himalaya pour se consacrer au bouddhisme tibétain et devenir moine, pense au contraire qu'il faut envisager de pardonner le mal fait à autrui « en termes d'harmonie sociale et de transformation personnelle... La société a besoin de pardonner, ajoute-t-il, afin d'éviter que ne se perpétuent la rancune, l'acrimonie et la haine qui vont inévitablement mûrir et se traduire par de nouvelles souffrances... Pardonner signifie briser le cycle de la haine. »

La réponse de Simone Veil, rescapée des camps de la mort avec ses sœurs Madeleine et Denise, est évidemment la plus émouvante. Pour elle, la question reste ouverte. « S'agissant d'un éventuel pardon, écrit-elle, je ne puis, par principe, qu'approuver la réponse de Simon Wiesenthal. Personne ne peut juger son attitude. Le contexte du camp, les souffrances et l'angoisse, la haine vis-à-vis des bourreaux le privaient de la liberté de jugement et de la distance nécessaire pour prendre en compte une situation comme celle du jeune soldat. Simon Wiesentahl se sentait-il même libre de donner un pardon pour d'autres que lui-même ? Mais l'eût-il fait, je l'approuverais aussi. » Et elle avance cet argument, difficilement contestable : « ... À cette limite extrême où nous étions parvenus, il n'est pas exclu de penser que certains auraient pu accorder ce pardon pour se prouver à eux-mêmes qu'ils avaient su conserver un peu d'humanité. »

Mais plus que le cœur même de la question — pardonner ou non — c'était l'interrogation suivante qui, pour moi, faisait problème : pouvais-je me mettre *à la place* de l'auteur ? Celui-ci avait vécu ce tragique épisode des années plus tôt, dans une autre époque, dans un autre monde, et seuls ses compagnons d'infortune étaient capables de le comprendre. Pour les générations suivantes, comme le souligne aussi Olivier Abel, il ne pouvait s'agir en aucun cas du même pardon : le décalage dans l'espace et dans le temps le rendait radicalement différent. Arthur, l'autre ami de Wiesenthal lui répondait d'ailleurs dans ce sens : « Si nous nous en sortons tous, ce que je ne crois pas…, il sera temps de discuter de cette affaire à fond. Il y aura des voix pour, des voix contre, des gens qui ne te pardonneront pas de ne pas lui avoir pardonné… mais aucun de ceux qui n'ont pas subi dans leur corps ce que nous subissons en ce moment ne pourra comprendre tout à fait. » De mon point de vue, on ne pouvait mieux dire.

Je refermai ces *Fleurs de soleil*, ces tournesols plantés par les nazis sur les tombes des soldats allemands morts au combat, qui tournaient leurs têtes altières vers l'astre brûlant. Simon Wiesenthal les avait remarqués sur le chemin qu'il prenait au retour du chantier où il travaillait, pour rejoindre le camp de concentration de Janowska. Au plus profond de sa nuit, il enviait ces soldats enterrés, auxquels les tournesols et les papillons qui voletaient de corolle en corolle apportaient lumière et messages, les reliant ainsi mystérieusement au monde, quand son corps, à lui, allait bientôt être jeté dans une fosse commune sur un amas d'autres corps, et pourrirait dans les ténèbres de son anonyme sépulture.

Oui, je refermai ce livre, bouleversé, ébranlé, et me couchai, prêt à sombrer dans le sommeil du juste, sans me douter que d'ici peu, j'allais moi-même être confronté à cette question du pardon, d'une manière totalement inattendue.

UN froid vif s'était abattu sur la France début février, gelant canalisations et plans d'eau, comme était gelé le Dossier Marika. Désœuvré, je profitai de ce temps sec et ensoleillé pour me rendre à pied dans le XXe arrondissement où se trouvait mon bureau. J'aimais marcher dans Paris. À une époque où je courais à travers les rues, combinant activité physique et plaisir des yeux, j'éprouvais chaque fois le même émerveillement quand je découvrais une nouvelle fresque sur le mur d'un bâtiment, un passage pavé, ou un mascaron au-dessus d'un portail. L'itinéraire que j'empruntais pour rejoindre mon bureau me faisait enjamber la Seine par le pont d'Austerlitz, et je me disais que toutes ces villes comme Paris, Budapest, Londres et tant d'autres qui étaient traversées par un fleuve avaient un supplément d'âme et de vie. Pour le plaisir, je bifurquais à gauche vers le port de l'Arsenal où une centaine de yachts, de voiliers démâtés, étaient figés dans les eaux gelées. Je restais un moment à contempler ces bateaux, m'imaginant au milieu de l'Océan ou de la Méditerranée, mais je n'avais pas le pied marin et n'étais pas tenté de monter à bord, encore moins d'embarquer sur un de ces navires de croisière dont certains peuvent transporter jusqu'à 8 000 personnes, membres de l'équipage compris. J'avais appris, en rentrant de Vienne, qu'un paquebot de ce type, le Costa Concordia, s'était échoué à proximité de l'île du Giglio, au large de la Toscane, avec 4200 passagers : 32 morts ! Ce monstre occuperait plus de la moitié du bassin de l'Arsenal, sans parler de sa hauteur, qui dépasserait, et de loin, celle des immeubles avoisinants.

Arrivé à destination, je jetai un coup d'œil sur les gros titres de mon quotidien, acheté au passage : selon un sondage d'intentions de vote pour l'élection présidentielle, François Hollande était en tête. Il était talonné par Nicolas Sarkozy ; Marine Le Pen n'était pas loin. Je m'apprêtais à lire la page Sport, quand le téléphone a sonné ; le prénom *Helena* s'affichait sur l'écran.

— Simon…

Elle prononçait mon prénom à l'anglaise : « Saïemone », en mettant l'accent tonique sur le i. Je restais silencieux, me demandant ce qu'elle voulait. Je la connaissais depuis peu, mais, après le piège qu'elle m'avait tendu, je me méfiais.

— Simon, c'est bien vous ? Je sais que je vous ai blessé et je m'en excuse, mais j'ai des choses importantes à vous dire.

— C'est moi, confirmai-je ; comment allez-vous Helena ?

Cette jeune femme répondait rarement aux questions ; je l'avais noté.

— J'ai parlé à mon père de Marika et de madame Irène. Il accepte de les rencontrer, mais à deux conditions.

— Je vous écoute.

— Il veut faire un test de paternité. Comprenez-le : il a connu cette femme il y a si longtemps…

— Pas de problème, lui dis-je, la prenant au mot. Je lui enverrai par la poste un cheveu de Marika, mais pour cela il me faudra son adresse…

Nous tournions en rond : cette adresse avait justement été un obstacle.

— Ce n'est pas tout, ajouta-t-elle, sur le ton de la confidence.

Elle semblait gênée, à présent.

— J'ai aussi parlé de vous à mon père et il souhaiterait vous rencontrer au préalable.

C'était inouï ! J'avais tellement espéré aller chez cet homme ! Sa fille avait tout fait pour m'en empêcher, et maintenant c'était lui qui voulait me voir.

— Pourquoi ?

— Vous êtes juif, n'est-ce pas ? me lança-t-elle à brûle-pourpoint. Vous m'avez dit qu'une partie de votre famille avait été arrêtée à Budapest et déportée vers les camps…

Je faillis tomber de mon siège et mis quelques secondes avant de répondre :

— Pas du tout ! Enfin si ! Un peu ! D'origine, uniquement ! Je n'ai pratiquement jamais mis les pieds dans une synagogue…

Un silence. Je l'interrogeai à mon tour :

— Mais pourquoi cette question ? Vous aussi, vous êtes juive, vous, la fille d'un chasseur de nazis…

Je l'entendais respirer. Je pressentais qu'une fois encore, Helena se déroberait.

— Je vous expliquerai tout, absolument tout, si vous acceptez de m'accorder un rendez-vous à Budapest. Je vous propose que nous nous retrouvions dans un hôtel. Libre à vous, ensuite, de décider de rencontrer mon père ou non.

Elle s'interrompit, mais se ravisa pour ajouter aussitôt :

— Et si ce dernier argument peut faire pencher la balance, sachez qu'en ce qui me concerne, j'ai très envie de vous revoir…

Je réfléchissais. Qu'est-ce que je risquais ? Me faire rosser par les collègues d'Helena ? À Vienne, ils n'en avaient rien fait, mais sait-on jamais ? Avec elle, je devais me méfier.

— Je veux bien, mais sans vos chiens de garde, alors !

Elle éclata de rire et me le promit. Pour la première fois depuis le début de son appel, je réussis à me la représenter vraiment ; elle avait le même visage radieux que je lui avais découvert trois semaines plus tôt, en entrant dans le café *Korb*.

Nous avons raccroché simultanément. Je restais dans mes pensées, le téléphone à la main. Ainsi, il importait à son père de savoir si j'étais juif ou non. Je ne m'étais jamais posé la question. Qu'en était-il vraiment ? Je ne le savais pas moi-même : cela ne faisait pas partie de mes préoccupations. Officiellement je ne l'étais pas, puisqu'on est juif par la mère. Mais j'étais très attaché à mes grands-parents paternels. Gamin, je les avais accompagnés une fois à la synagogue, par curiosité, à l'occasion du Yom Kippour, la fête qui commémore le grand Pardon. László n'était pas pratiquant, mais il tenait chaque année à réciter le kaddish pour ses morts. Ma grand-mère le suivait. Elle montait au balcon rejoindre les autres femmes alors que les hommes se regroupaient dans la salle du rez-de-chaussée éclairée par de grands lustres à bras de lumière. Avec d'autres enfants, je grimpais en courant au deuxième étage, d'où nous avions une vue plongeante sur la cérémonie. D'en haut, c'était comme une mer d'écumes formées par les châles blancs à franges argentées, ces talès dont étaient enveloppés les hommes, qui ondoyait pendant les prières. Je n'ai jamais renouvelé l'expérience de la synagogue, et je ne l'ai pas non plus échangée pour une visite à l'église ou dans une mosquée. Cette indifférence à la religion était-elle pour moi une forme de liberté ? Sans doute.

Je suis retourné voir madame Irène et l'informai de la décision d'András, en allant à l'essentiel. Non seulement elle était ravie qu'il veuille me recevoir, mais devant mon manque d'enthousiasme et mes doutes concernant la sincérité d'Helena, elle a eu un argument des plus convaincants.

— Je pourrais ainsi mieux me rendre compte du genre de bonhomme qu'il est devenu avant de le rencontrer moi-même, m'a-t-elle dit, en me tendant un chèque pour couvrir mes frais à venir. Vous me remettrez un rapport !

J'entamais officiellement la deuxième phase de ma mission. Y en aurait-il une troisième ? Je ne courais pas après l'argent. Ayant peu de besoins, je gagnais aujourd'hui bien ma vie, grâce à madame Irène, sans me préoccuper de quoi serait fait le lendemain, et cela me suffisait. Cette cliente était pour moi une manne ! Elle me recevait toujours avec gentillesse dans son hôtel particulier. Dès mon arrivée, j'avais droit à mon thé avec un doigt de lait, servi dans une tasse en porcelaine anglaise à motifs feuillage et oiseaux rose clair. Nous discutions de l'actualité. Elle me rappelait de plus en plus Jeanne Moreau à la fin de sa carrière, non seulement physiquement ou par sa voix grave, mais par son état d'esprit : tout comme l'actrice, madame Irène revendiquait sa liberté. Elle n'avait jamais vécu avec un homme, même après la naissance de Marika. Multipliant les amants, elle avait aussi été le pivot d'un triangle amoureux tragique — autre similitude avec un personnage de cinéma incarné par Jeanne Moreau — dont elle seule survécut à la suite d'un accident de voiture, mais en restant paraplégique. Sa fille avait dix ans, elle, tout juste quarante. Sportive de haut niveau depuis son enfance, elle avait été aussi loin que possible dans sa rééducation, mais elle avait dû bientôt admettre que son fauteuil roulant serait désormais son plus fidèle compagnon. Héritière d'une grande entreprise de textiles, elle arrêta de travailler et participa, malgré son handicap, à plusieurs expéditions humanitaires en Afrique et en Asie. Quand elle le pouvait, elle emmenait Marika, mais, le plus souvent, une gouvernante la remplaçait pendant ses absences. À partir de soixante-cinq ans, sa santé devenue fragile, elle se réfugia dans le confort de son hôtel particulier dont elle ne sortait presque plus. Sa fille lui rendait visite chaque week-end. Elle était loin de se douter des démarches que faisait sa mère pour retrouver son géniteur.

— Marika passera me voir dimanche prochain, me confia madame Irène. Elle laisse toujours une brosse à cheveux ici, dans la salle de bains. J'en prélèverai quelques-uns, pour le test de paternité.

Je lui dis que je viendrais les récupérer dès lundi et me

chargerais de les envoyer à Helena. Une fois connu le résultat du test — qui serait positif, cela ne faisait aucun doute pour madame Irène — je l'avertirais et m'envolerais à nouveau vers la capitale hongroise.

★

L'hôtel Clark, dans lequel Helena et moi avions convenu de nous retrouver, était situé sur le bord du Danube, au pied du pont des Chaînes. Elle était à Budapest depuis la veille. La réception me signala que Mlle Ferenczy était absente, mais qu'elle avait laissé un mot à mon attention. Elle m'écrivait qu'elle arriverait vers 17 h 30 et qu'elle avait réservé à mon nom une chambre contiguë à la sienne. Je n'avais qu'une demi-heure à attendre et je montai m'installer. La chambre, à la décoration moderne, comme l'ensemble de l'hôtel, était spacieuse, mais ce qui frappait d'emblée, c'était la vue sur le pont suspendu et sur la rive opposée du Danube, côté Pest. La nuit venait de tomber. L'illumination du pont et les phares des voitures, les reflets sur le fleuve, les éclairages du Parlement et de la basilique Saint-Étienne offraient un ensemble féerique. Dans la salle de bains au design contemporain, une baignoire sur pieds à l'ancienne, le long de la baie vitrée ; je pensais qu'il serait agréable de m'abandonner dans une eau bien chaude, à regarder le fleuve se moirer sous la lumière, et à laisser mon esprit vagabonder au rythme des grands bateaux qui suivaient le courant, quand j'entendis frapper à ma porte.

C'était Helena. Elle était un peu en avance. Je jetai un regard derrière elle, mais ne vis aucun de ses acolytes dans le couloir. Nous nous sommes embrassés.

— Vous êtes venue seule ? lui dis-je avec un sourire en coin.

Elle me fit un clin d'œil.

— Je suis une grande fille, maintenant !

Elle était habillée de son manteau marron, mais n'avait pas de chapka. Elle était allée chez le coiffeur. Ses cheveux étaient taillés en un carré long.

— Je me change et on se retrouve au bar tout en haut, disons d'ici une demi-heure ?

C'était parfait. Je n'avais pas l'habitude de me mettre sur mon trente-et-un, mais j'avais emporté une tenue élégante. À défaut d'un bain, je pris une douche, me rasai, me parfumai et montai. De ce « bar sur le toit », la vue était plus saisissante encore. Une myriade de lumières scintillait à 360°. Cet hôtel était idéal pour une lune de miel ou pour un rendez-vous amoureux, me disais-je, mais Helena et moi n'étions ni mariés, ni épris l'un de l'autre ; nous étions là pour « affaire ».

Je la vis bientôt arriver dans une robe noire légèrement décolletée et un peu moulante. Elle avait les bras nus, des boucles d'oreille qui illuminaient son sourire, et, pour être tout à fait sincère, je ne savais plus très bien à cet instant de quelle « affaire » il s'agissait.

Elle s'assit face à moi et commanda un cocktail. J'optai pour un double Lagavulin, douze ans d'âge, sans eau ni glace. Nous étions installés à une table qui donnait sur la baie vitrée, comme l'étaient tous les autres couples, à l'exception d'un vieux monsieur qui discutait avec une dame aux cheveux blancs dans un coin isolé. Une musique d'ambiance invitait à la détente.

— Alors, où en étions-nous ? commençai-je, et tout d'abord, comment va votre papa ?

— Je vous remercie, je l'ai vu hier. Il va bien, mais je l'ai trouvé vieilli. Il approche des quatre-vingt-cinq ans, vous savez.

Je comprenais bien qu'arrivé à cet âge, l'élan pouvait fléchir sur le tremplin de la vie.

Je sentais Helena hésiter. Je décidai de précipiter les choses.

— Ne tergiversez plus, je vous prie. Maintenant que le test de paternité est positif, comme vous me l'avez annoncé par téléphone, dites-moi ce que compte faire votre père avec madame Irène et ce qu'il attend de moi ? Vous m'avez promis…

Elle tourna son regard vers la vitre et posa sa main sur la mienne. Un bateau, éclairé par ses feux de navigation, remontait lentement le courant.

— Le contact de votre main me rassure, me dit-elle.

Était-ce un jeu ? Je la laissai poursuivre, sans réagir.

— Vous voyez ces centaines de lueurs qui scintillent dans la nuit ? Ce sont pour moi des marques d'espoir et je les donnerais toutes pour que mon père meure en paix, la conscience tranquille. Êtes-vous prêt à m'écouter, Simon ? C'est une histoire que je n'ai encore racontée à personne, pas même à mon ex-mari. Mon père et moi partageons un secret, un terrible secret dont il a honte et que je suis la seule à connaître. Ce secret est la raison de l'attitude méfiante et parfois agressive que j'ai pu avoir avec vous. Il est également la cause de ma soudaine volte-face à Vienne. J'avais si peur ! Peur qu'en le rencontrant, vous deviniez le personnage qu'il avait été un temps, et que vous le dénonciez ; peur de voir ressurgir son passé que je croyais définitivement derrière lui ; peur enfin de vous mettre vous-même en porte-àfaux, lorsque j'ai découvert qui vous étiez et le destin tragique de votre famille…

Je retirai ma main pour attraper mon verre et boire une gorgée de whisky. J'en avais besoin. Je ne saisissais pas ce qu'Helena voulait me faire comprendre. Parlait-elle d'inceste ? J'avoue que cette idée m'a effleuré un instant, mais je ne voyais pas en quoi ma famille et moi-même aurions pu être concernés. Cette fois, c'est moi qui lui pris la main pour l'encourager à continuer. Autour de nous, l'ambiance était aux confidences amoureuses, mais celles que me faisait Helena étaient autres.

— Je vous ai raconté que mon père était devenu chasseur de nazis l'année de ma naissance, poursuivit-elle, en me regardant dans les yeux. Eh bien… c'est la vérité… mais il s'agissait pour lui d'une tentative de rédemption… Papa n'avait pas seize ans quand il a été recruté par les Croix fléchées, le parti de Szálasi qui a fait régner la terreur sur les Juifs de Budapest. Les violences de rues, les rafles, les internements des Juifs dans les briqueteries des faubourgs, les pillages, tout cela, mon père l'a vécu et il y a participé. Oh ! Sa jeunesse n'est certainement pas pour lui une excuse. Il se hait d'avoir commis de tels actes ; il s'en veut de ne pas avoir désobéi, quitte à le payer de sa propre vie ; et il sait qu'il portera le poids de cette abjection jusqu'à sa mort. Quand il m'a révélé ce passé honteux qu'il avait caché à tous, y compris à ma mère, j'avais vingt-cinq ans : elle venait de mourir, une mort longue et atroce, des suites d'un cancer. Resté veuf, submergé par le chagrin, il a éprouvé le besoin de se confier ; j'ai toujours été sa fille adorée ; il n'avait plus que moi ; il m'a avoué l'inavouable. Au début, je l'ai rejeté. Comme beaucoup de jeunes, je connaissais la Shoah pour l'avoir étudiée en classe dans les livres d'histoire. Mais c'était mon père. Il avait plus de soixante-quinze ans et je ne voulais pas le laisser seul avec son mal-être. Son objectif, son unique objectif, était toujours de retrouver Konrád Söze, ce monstre d'une cruauté sans pareille. Malgré son âge avancé, il s'investissait corps et âme dans ce projet. C'est ce qui m'a décidée à lui pardonner et même à l'aider, en m'impliquant à mon tour dans l'Opération *Dernière chance* lancée par le centre Wiesenthal dont je vous ai parlé à Vienne…

⋆

Me proposer un rendez-vous, que j'avais pris pour un rendez-vous galant et venir accompagnée de collègues de travail pour m'expédier, contre mon gré, à l'aéroport ; avoir un père chasseur de nazi qui avait été nazi lui-même : avec Helena, j'allais de surprise en surprise. D'instinct, je lâchai sa main. Je le regrettai aussitôt, car, à l'écouter, je réalisais qu'elle était sincère. De son père, je ne savais que penser, mais l'évocation de ces moments tragiques, dans un bar qui surplombait ce pont suspendu flamboyant de lumières sur lequel mes grands-parents s'étaient sans doute promenés maintes fois par le passé, me donnait comme une nausée. La tête me tournait. Je me sentais vaciller. Je m'excusai auprès d'Helena et partis me réfugier dans ma chambre. Je me déshabillai, me jetai sur le lit et m'endormis.

Je me réveillai au milieu de la nuit. Un film me revint à l'esprit : *Lacombe Lucien*, de Louis Malle. Il était sorti l'année de ma naissance et je l'avais vu avec Laura, quand nous étions au lycée. C'était l'histoire d'un jeune paysan de dix-sept ans vivant dans le sud-ouest en juin 1944, qui souhaitait entrer dans la Résistance, mais que l'on avait jugé trop jeune pour rejoindre le maquis. Désireux avant tout d'agir, n'ayant aucune conviction, aucune idée sur les enjeux de la guerre et de l'occupation, il s'enrôla dans une antenne française de la Gestapo et participa à ses exactions.

J'avais apprécié ce film qui avait fait scandale à sa sortie en raison de l'ambiguïté du personnage principal. Celui-ci n'était pas présenté comme un monstre, mais comme un adolescent qui allait s'engager dans la police allemande par hasard, sans aucun état d'âme. Il n'était qu'un jeune garçon fougueux et inculte, en quête d'adrénaline, dont le seul intérêt était de tenir une arme, d'avoir beaucoup d'argent et, éventuellement, de tuer. Il allait même tomber amoureux d'une jeune fille juive qu'il allait protéger…

J'ignorais quel genre d'adolescent avait été le père d'Helena et comment il s'était rapproché des Croix fléchées. Peu m'importait. Comme pour le héros du film de Louis Malle, je ne lui trouvais guère d'excuses : à seize ou dix-sept ans, on est encore jeune, certes, mais on doit être conscient et responsable de ses choix. En revanche, sa tentative de rédemption, ainsi que l'interprétait sa fille, me touchait. *Faute avouée est à demi pardonnée*, dit le proverbe. En l'occurrence, András avait fait bien plus que reconnaître sa faute : il avait consacré la moitié de sa vie à essayer de la réparer.

⋆

Nous étions remontés dans le bar sur le toit où nous prenions notre petit-déjeuner à la table que j'avais brusquement quittée la veille. Sous nos pieds, le Danube n'était pas bleu, mais gris avec des nuances verdâtres. Helena avait frappé à ma porte à plusieurs reprises, pendant mon sommeil. Elle m'avait laissé un mot que j'avais trouvé sur la moquette, à mon réveil : *Inquiète ! Venez me dire comment vous allez, peu importe l'heure. Je glisse aussi avec ce billet la carte magnétique de ma porte.*

Le buffet était impressionnant et je m'étais copieusement servi, après cette soirée pleine d'émotions.

— Qu'attend de moi András ? demandai-je à Helena, en tapotant mon œuf à la coque pour le décalotter proprement.

Je posai la question pour la forme : après ses confidences et le souvenir d'une conversation téléphonique où elle avait évoqué ma judéité, je pressentais maintenant pourquoi son père voulait me rencontrer.

— Je ne sais pas, me répondit-elle. Il a été plutôt discret à ce sujet. Mon sentiment est qu'il se considère peut-être indigne d'être le père de cette fille qui vient de lui tomber du ciel. Me donner la vie, il y a trente-cinq ans, avait été un choix de sa part, mais pour Marika, c'est différent. À ses yeux, c'est comme si elle lui était envoyée par le destin et, avec son passé, il n'est pas sûr de la mériter, tu comprends ?

Nous avions remplacé le « vous » par le « tu », depuis que je l'avais rejointe, au petit matin, dans sa chambre. Je pensais un peu comme elle, ce qui confortait mon pressentiment. Son père ne voyait-il pas en moi le dernier maillon de sa rédemption ? Le hasard avait bien voulu mettre sur sa route un descendant inattendu de victimes de ses complices sanguinaires, peut-être même d'une de ses victimes. N'étais-je pas pour cet homme l'occasion de s'absoudre de ses péchés de jeunesse ? J'en avais bien peur. Je repensais au récit de Simon Wiesenthal. Ma situation et celle de l'auteur n'avaient rien de comparable, évidemment, les contextes étaient très différents, mais la problématique était identique : pouvais-je pardonner une faute au nom des victimes qui l'avaient subie ? Je n'avais pas changé d'avis depuis ma lecture et je fis part de mes réflexions à Helena. Elle comprenait, et elle était en accord avec moi. Mais sa réponse fut catégorique :

— Telles ne sont pas ses intentions, je le connais suffisamment. Si mon père demande à te voir, ce n'est pas pour se disculper, encore moins pour se faire pardonner, mais seulement dans le but d'expliquer, de dire sa vérité.

Elle parlait avec véhémence, en détachant les dernières syllabes. Pour la première fois, je lui faisais confiance.

ANDRÁS habitait une petite rue près de l'Opéra, à une demi-heure de marche de l'hôtel. Nous traversions sous un ciel gris le pont des Chaînes, gardé, à chacune de ses extrémités, par deux lions de pierre majestueux couchés sur leur socle. Le froid était vif, et sans être complètement gelé, le fleuve charriait des blocs de glace. En ce milieu de matinée, peu de piétons et de voitures, Helena et moi marchions côte à côte d'un pas alerte, des petits nuages s'échappaient de nos lèvres. J'appréhendais ma rencontre avec son père. Je me demandais ce qu'en aurait pensé László. J'avais un peu l'impression de le trahir. András avait beau s'être racheté, il n'en était pas moins un ancien Croix fléchées. Pour m'encourager, je me disais que cette visite était la dernière étape d'une mission qui avait été passionnante et qui me changeait de toutes celles que j'avais menées jusque-là.

La rue József Attila me faisait penser, avec ses arcades, à la rue de Rivoli à Paris, mais les devantures lugubres des quelques boutiques ouvertes n'incitaient pas à faire du lèche-vitrine. Ce n'était pas le cas dans l'avenue Andrássy, les Champs-Élysées de Budapest, où les rez-de-chaussée des immeubles de trois étages aux façades élégantes étaient occupés par des commerces de luxe ou des salons de thé chics et lumineux.

— Nous allons arriver, me dit Helena, en me montrant l'Opéra en travaux, presque entièrement bâché. Ne te formalise pas. Mon père habite un petit appartement très modeste. Il a déménagé après la mort de ma mère : sa seule retraite ne lui permettait pas d'avoir mieux. Mais il y est bien, et c'est central, entouré de commerces.

Avant de prendre à droite, je reconnus le café *Müvész* où j'avais fait une pause le mois précédent. Bientôt, Helena s'arrêta et composa le code d'entrée d'un immeuble en brique de quatre étages.

— Viens, me dit-elle. Je vais te montrer quelque chose.

Je l'ai suivie jusqu'à une cour intérieure où se dressait une fontaine figée sous la glace. Les appartements étaient desservis par des coursives courant le long d'une façade en U ornée de sgraffites. Des motifs colorés aux tons pastel — figures géométriques ou arabesques, êtres chimériques aux postures étonnantes — la recouvraient entièrement, à l'exception des portes et des fenêtres.

— C'est splendide, dis-je, on se croirait en Italie.

— Cette technique de décoration s'est développée pendant la Renaissance, mais c'est surtout dans le style Art nouveau qu'elle a atteint son apogée. On peut l'observer aujourd'hui dans de nombreuses villes comme Prague, Bruxelles, Anvers, Charleroi, Barcelone… Elle est très rare à Budapest… Pour en revenir à mon père, précisa-t-elle, je fais les présentations, je prépare un café et après je retourne à l'hôtel, je vous laisse ensemble.

En partant, Helena m'avait averti qu'elle ne voulait pas interférer davantage : elle me faisait confiance. Elle me servait d'intermédiaire, rien de plus. Je n'avais pas insisté.

— Allons-y, me dit-elle.

Nous avons traversé la cour et nous nous sommes dirigés vers un porche donnant accès à l'ascenseur.

— Il habite au dernier étage.

De la coursive, la fontaine paraissait écrasée. Helena sortit des clés de son sac et ouvrit la porte de l'appartement qui donnait directement sur le salon-salle à manger.

— Papa, cria-t-elle, c'est moi, je suis avec monsieur Simon.

La pièce était petite, meublée années cinquante. Une grande table ovale entourée de chaises en formica gênait le passage ; dans le fond, un fauteuil en velours, un téléviseur avec une antenne intérieure.

— Assieds-toi, me dit-elle. Je te débarrasse de ton manteau et je vais voir ce qu'il fait. Je reviens.

Helena disparut dans le couloir. Mon regard fut attiré par une vingtaine de photos encadrées, alignées sur un buffet en bois de tek : il y avait Helena et ses parents, à différentes périodes de leur vie ; Helena seule, adolescente ou à l'âge qu'elle avait aujourd'hui ; et des personnages qui m'étaient inconnus. À l'extrême gauche, un peu séparée des autres, je découvris dans un cadre la photo de Marika que j'avais remise contre mon gré à Helena, avant de quitter Vienne.

— Elle est belle, n'est-ce pas ! Je n'ai pas résisté au plaisir de lui faire une place sur ce meuble quand j'ai reçu les résultats du test de paternité… Je suis ravi de faire votre connaissance, monsieur Simon !

András se tenait derrière moi, souriant, la main tendue ; je ne l'avais pas entendu arriver. Il était habillé d'un costume sombre trois-pièces et d'une chemise bleu ciel avec laquelle était assortie une cravate à rayures. Grand, mince, il était très élégant.

Je l'ai salué à mon tour. Ses yeux en fente me dévisageaient avec bonhomie.

— Helena m'a beaucoup parlé de vous. Alors, vous êtes détective…

Je confirmai :

— C'est ce qui me vaut de vous avoir retrouvé, à la demande de madame Irène...

Avec sa chevelure blanche encore abondante, son allure dynamique, il ne faisait pas son âge, malgré ses rides en coup de sabre.

— Asseyez-vous, je vous en prie. Helena va nous servir un café. Que ferais-je sans elle… Malheureusement, elle vit loin de moi, mais elle envisage de revenir travailler bientôt à Budapest.

Cela, je l'ignorai. Helena ne m'en avait pas parlé. Nous avions évoqué tant d'autres sujets que je n'en étais pas étonné ; nous nous connaissions depuis peu, après tout.

— Ça y est ? Vous avez fait connaissance ?

Elle arrivait avec un plateau chargé de trois tasses de café fumant. Son chemisier noir, légèrement échancré, faisait ressortir sa blondeur et la blancheur de sa peau. Nous avons bu en silence. L'appartement était surchauffé, mais András avait gardé sa veste. Aucune fausse note chez cet homme qui semblait être sorti d'une autre époque. Helena se leva bientôt et prit son manteau.

— Je vous laisse, tous les deux, dit-elle, en embrassant son père.

Et, s'adressant à moi, dans un sourire : « Je vais faire un tour et je t'attends à l'hôtel... »

C'est tout juste si elle n'avait pas rajouté « mon chéri ! » Quel changement depuis notre dernière séparation sur un trottoir de Vienne, pensais-je, en la regardant fermer la porte derrière elle.

Un silence inévitable, après son départ ; ce fut András qui le rompit.

— Cette chère Irène... Comment va-t-elle ? Mais pourquoi ne m'a-t-elle rien dit ? C'est vrai, à l'époque, tout nous séparait, la langue, nos patries si différentes, notre situation matrimoniale ; on aurait pu croire à une simple passade entre nous, mais de mon côté, je ne l'ai jamais oubliée. Elle vous a raconté comment nous nous sommes rencontrés ?

Je lui montrai la photo en noir et blanc où ils étaient serrés l'un contre l'autre en 1965, assis sur le parapet d'un pont.

— Incroyable ! me dit-il, en chaussant ses lunettes. J'ignorais qu'elle avait gardé ce cliché. Moi, je n'avais plus rien d'elle... Absolument rien. Et maintenant j'ai Marika...

Il dirigea son regard vers le portrait de sa fille sur le buffet, resta un long moment figé, le dos légèrement vouté.

— J'aimerais tant la connaître, souffla-t-il, et revoir aussi Irène !

— Cela ne tient qu'à vous, répondis-je. Ma cliente est favorable à une rencontre. Pour les détails, il faudra attendre. Elle est en fauteuil roulant et j'ignore encore ce qu'elle va décider, mais si vous êtes d'accord sur le principe, il n'y a aucun problème.

J'ai bien vu qu'il accusait le coup.

— Un accident de voiture, précisai-je, à l'âge de quarante ans.

Il se leva et retira sa veste. Même en gilet et en manches de chemise, il avait de la classe. Je lui demandai l'autorisation de faire de lui une photo, pour mon rapport. Il posait maladroitement, le visage crispé. Je sentais qu'il voulait me dire quelque chose, mais il hésitait.

— Avant d'envisager une rencontre avec Irène et notre fille, se lança-t-il, je dois m'assurer qu'elles y consentent, en toute connaissance de cause. Acceptez-vous d'être mon messager auprès d'elles, monsieur Simon ?

Nous y étions. Helena avait parfaitement deviné les intentions de son père : il ne souhaitait rien cacher de son passé à sa nouvelle famille. Étais-je toujours prêt à entendre ses explications ? Supporterais-je de revivre ces années sombres évoquées jadis par mon grand-père, mais du point de vue des oppresseurs, cette fois, même si András les avait reniés ? Curieusement, l'image de László s'imposa à moi et je crus percevoir de sa part son approbation.

— Je vous écoute, dis-je à András. Si vous le permettez, je vais vous enregistrer avec mon téléphone. Je transmettrai le fichier à ma cliente.

Un sourire de satisfaction s'imprima sur son visage. Je procédai à quelques essais techniques et appuyai sur le bouton de démarrage.

— Je sais qu'Helena vous a parlé de moi, commença-t-il, comme elle m'a aussi parlé de vous. Je n'ignore pas ce qu'a subi votre famille. Vous l'avez sans doute compris, aujourd'hui je ne vis que dans l'attente du procès de Konrád Söze, cet ancien officier des Croix fléchées qui nous commandait et que j'ai contribué à faire arrêter l'an dernier à Budapest. L'enquête est ouverte depuis peu ; le parquet rassemble les preuves concernant son implication dans la déportation de plus de 15 000 Juifs, mais les investigations avancent très lentement et on devine pourquoi : Orbán, notre Premier ministre, est en perte de popularité depuis son élection en avril 2010, et il chasse sur les terres du *Jobbik* pour séduire ses électeurs d'extrême droite, des antisémites convaincus. Ce procès leur déplaît. Aujourd'hui, Konrád Söze a quatre-vingt-dix-sept ans et je prie tous les jours pour qu'il ne décède pas avant d'être jugé pour ses crimes…

Il sortit un mouchoir pour se tamponner le front, mais il semblait très bien s'accommoder de la chaleur. Je n'osais pas lui demander d'ouvrir la fenêtre, de peur de l'interrompre.

— Malgré les réticences de ma fille, reprit-il, j'ai décidé de témoigner contre lui pour l'enquête de la police et pour le procès, s'il a lieu, et si on m'y autorise. Jusqu'à maintenant, en dehors d'Helena, personne n'était au courant de mon implication dans les Croix fléchées. Le centre Wiesenthal, avec lequel j'ai collaboré pendant des années, ignorait tout de mon passé, lui aussi. Je n'en ai jamais parlé et il n'en reste aucune trace. J'avais pourtant été jugé après la libération par l'un des tribunaux populaires créés à Budapest par le Gouvernement National Provisoire. Mon dossier a dû se perdre parmi les centaines d'affaires plus importantes qui concernaient les grands responsables politiques de la guerre et de la déportation, comme Béla Imrédy, Sztójay, Szálasi et ses collaborateurs, ou encore László Bárdossy. Eux ont été condamnés à mort, pendus ou exécutés. Nous, les « petits Croix fléchées », qui étions les plus jeunes de la base ouvrière du mouvement, nous n'avons écopé en général que de quelques mois de prison, puis nous avons été libérés sous surveillance policière...

Ces noms, que citait András, ceux des principaux auteurs des atrocités perpétrées contre les Juifs hongrois, je les ignorais. Lorsque mon grand-père m'avait raconté ces années-là, il les avait sans doute mentionnés, mais je n'y avais pas fait attention. J'étais jeune. C'est tout juste si j'avais retenu le nom de l'Amiral Horthy, régent du royaume de Hongrie jusqu'en octobre 1944.

— Monsieur András, lui dis-je, me permettez-vous de vous poser une question ?

Il se leva pour entrouvrir une fenêtre. Il boitait légèrement. Jusque-là, je ne l'avais pas remarqué.

— Je vous en prie... au contraire...

— Ces « petits Croix fléchées », dont vous faisiez partie, étaient de très jeunes ouvriers, si j'ai bien compris. À cette époque, vous n'aviez même pas seize ans. Vous travailliez déjà ?

Il attendit quelques secondes avant de me répondre. Ma question le replongeait dans un autre temps.

— Nous étions une famille de huit enfants, monsieur Simon, et habitions Angyalföld, un quartier très populaire et insalubre de Budapest, situé dans le XIIIe arrondissement. À la fin des années trente, c'était la misère. Une de nos voisines de la rue Országbiró avait tué son bébé parce qu'elle ne pouvait plus le nourrir, un homme de notre immeuble s'était suicidé après un accident de travail qui l'avait rendu estropié : il n'arrivait plus à payer son loyer. À cette époque, en Hongrie, les classes dirigeantes, encore traumatisées par le souvenir de la Commune de 1919, répliquaient aux menaces de grèves par la fermeture des entreprises et la répression policière. En ce qui concerne ma famille, mon père avait, comme beaucoup d'autres, perdu son emploi. Étant l'aîné de ma fratrie, j'étais le seul en âge de rapporter un salaire à la maison, aussi maigre fût-il. J'ai réussi à me faire engager comme manœuvre en 1943 dans les usines métallurgiques de Csepel, distantes de 15 kilomètres. Trois bonnes heures de marche matin et soir, aller et retour : le tramway me coûtait trop cher. Mais à quinze ans, j'étais aussi costaud que révolté. Alors, quand des militants des Croix fléchées sont venus aux portes de l'usine, un peu avant l'occupation de la Hongrie par l'Allemagne, avec leurs slogans : *Justice et emplois pour les travailleurs hongrois ! Libération des chaînes ! À bas le capitalisme féodal et la juiverie !*, nous n'avons pas hésité, mes camarades et moi : nous avons adhéré ! La suite, tout le monde la connaît, et vous, Simon, sans doute un peu plus que d'autres. Je n'y reviendrai pas. Ce que je peux vous dire, c'est que, si, au début, j'ai participé, comme tous, aux prises d'otages, au pillage des logis, aux rafles de leurs habitants, à la mise à sac des boutiques, je n'ai jamais moi-même assassiné et j'ai très vite essayé d'être aussi peu zélé que possible. Je ne me cherche pas d'excuse. Mes actes sont impardonnables et me hanteront jusqu'à ma mort. Mais nous, les « petits Croix fléchées », comme on nous appelait, nous n'étions pour la plupart que des gamins de seize, dix-sept ans à la puberté prolongée, des adolescents un peu voyous, rendus enragés et sauvages, qui nous livrions avec nos vestes de cuir, nos chemises vertes, nos brassards et nos mitraillettes, à un atroce jeu de cow-boys à la poursuite des Indiens…

J'arrêtai l'enregistrement et rangeai mon téléphone dans ma poche. Il me semblait qu'il n'y avait rien à ajouter, ni de sa part et encore moins de la mienne. Je n'étais que le messager d'András auprès de madame Irène, après tout : je n'avais pas à commenter. Et qu'aurais-je pu dire ? Qu'à seize ans, on devait avoir l'âge de raison ? Belles paroles, mais après ? Une question m'obsédait : comment aurais-je réagi, adolescent, dans le chaos de ces années-là ? Qu'aurais-je fait à la place d'András ? De même qu'il m'était difficile d'imaginer ma réaction dans la position de Simon Wiesenthal, confronté à la demande de pardon d'un SS sur le point de mourir, je ne savais que répondre à cette question. Aurais-je été résistant, milicien, indifférent ? Comment savoir, quand vous n'avez jamais dû faire face dans votre vie à une situation exceptionnelle qui aurait exigé que vous preniez parti. Certains individus, menant a priori une existence tout à fait ordinaire, se comportent en héros. D'autres, au contraire, révèlent leur véritable personnalité et agissent comme des couards, voire comme des salauds. La plupart des gens, cependant, ne prennent pas position et alimentent l'impressionnante cohorte des indifférents. Alors, comment aurais-je réagi, adolescent, pendant ces années-là ? Aurais-je été, comme dans *la Ronde de nuit* de Patrick Modiano, Swing troubadour, l'indicateur collaborant avec un groupe de sympathisants nazis, ou bien princesse de Lamballe, le résistant agissant pour le compte du réseau des Chevaliers de l'Ombre ?

Je quittai András, lui promettant de repasser en fin d'après-midi avec Helena pour lui dire au revoir. Il semblait fatigué, tassé sur sa chaise, le regard dans le vague, mais il se reprit et me sourit.

— Avec plaisir. Je vous montrerai des revues sur ces années-là.

Mon vol retour Air France n'était que le lendemain matin, à 9h30 ; cela me laissait quelques heures pour digérer ce qu'il m'avait raconté et rédiger mon compte-rendu, même si l'enregistrement que j'allais remettre à madame Irène se suffisait à lui-même.

Helena m'attendait à l'hôtel, dans sa chambre. Nous avons commandé un léger déjeuner. Vu l'heure tardive, il ne restait plus grand-chose sur la carte. Elle semblait nerveuse, impatiente de savoir comment s'était passé mon entretien avec son père.

— András est un homme bien, dis-je sincèrement, même si je ne me sentais aucun droit de juger mes semblables.

Elle m'adressa un sourire reconnaissant.

— Dans un tout autre genre, son revirement, sa profonde évolution, me font un peu penser à Georges Bernanos, tu sais, ce très jeune écrivain français qui avait milité au début des années trente dans le mouvement d'extrême droite Action française et affiché son admiration pour Édouard Drumont. Peu après le début de la guerre d'Espagne, il écrira un violent pamphlet antifranquiste et pendant la Deuxième Guerre mondiale, il s'opposera farouchement au fascisme et dénoncera l'antisémitisme.

Helena ne connaissait pas Georges Bernanos, mais elle avait entendu parler d'Edouard Drumont, ce journaliste-écrivain français, antidreyfusard, nationaliste et antisémite.

Je la regardais avec amusement picorer dans sa salade César, un croûton recouvert de parmesan, un bout d'œuf dur. Nous étions confortablement installés sur son lit king size, nos assiettes sur les cuisses, nos verres de vin rouge posés sur les tables de nuit. Elle avait passé un jean moulant et un pull blanc, décolleté. J'eus soudain envie d'elle : le souvenir de nos étreintes amoureuses quand je l'avais rejointe à l'aube, dans cette même chambre, celui de notre relation fusionnelle…

— Parle-moi de toi, me dit-elle, coupant net l'élan qui m'animait. Je sais si peu de choses… ou plutôt, non, on va jouer au portrait chinois, tu connais ?

J'ignorais de quoi il s'agissait.

— C'est très simple. Toutes les questions-réponses sont sur le modèle : « si tu étais… Je serais… ». Par exemple je te demande : « si tu étais un objet… », tu réponds : « je serais un marteau, un vélo », ou ce qui te passe par la tête. On peut compliquer le jeu en appliquant le modèle : « si tu étais… je serais… parce que… ». Dans ce cas, tu dois développer, à ta guise, les raisons de ton choix. Enfin, on peut imposer des thématiques, comme la littérature, la musique, le cinéma, le sport, etc. Tu l'auras deviné, c'est un jeu très amusant pour connaître les goûts de l'autre, ses préférences, sa personnalité. Tu es partant ?

— Je suis d'accord, mais à condition que toi aussi tu participes, OK ?

Helena était tout émoustillée à l'idée de ce jeu. Nous avons débarrassé du lit les traces de notre repas et nous nous sommes allongés face à face, les yeux dans les yeux.

— Si tu étais un animal, tu serais… ? commença-t-elle.

— Je serais un chat, répondis-je, parce que c'est un animal indépendant, au pelage doux et au ronron apaisant. À toi… : si tu étais une fleur ?

— Je serais une fleur médicinale, comme le bleuet, l'aubépine, parce qu'elles soignent d'une manière naturelle, à moindre coût. Voyons… dans un autre domaine : si tu étais un plat cuisiné ?

Je réfléchis. J'aimais tant de bonnes choses : le bœuf bourguignon ; la blanquette de veau ; un couscous ; un pot-au-feu, et j'en passe.

— Si j'étais un plat cuisiné, je serais… un curry d'agneau, dis-je au bout d'un moment, à cause de toutes les épices et des arômes qui s'en dégagent.

Nous avons continué ainsi, joyeusement, à répondre chacun notre tour aux questions de l'autre, en imposant des variantes amusantes, comme faire une rime avec la réponse :

— Si tu étais un fruit, tu serais…?

— Si j'étais un fruit, je serais une mandarine, avec des narines…

Ensuite, nous avons abordé plus sérieusement d'autres thèmes, comme le cinéma.

— Si tu étais un film ? me demanda-t-elle, intriguée.

Des films, j'en avais plein ma musette : *À bout de souffle, Nous nous sommes tant aimés, les Demoiselles de Rochefort, Amarcord, 2001 Odyssée de l'espace, les Misfits, la Croisière du Navigator, Tout sur ma mère, la Règle du jeu…* Mais j'ai cité sans hésiter :

— *Le Mépris*, de Jean-Luc Godard, parce que pour moi, c'est de l'art total : la musique de Georges Delerue, et tout particulièrement le thème de Camille, est sublime ; les images, les couleurs des paysages de Capri et de la villa Malaparte sont dignes des plus grands peintres ; le jeu des acteurs est d'une finesse sans pareille. Beaucoup prétendent que Brigitte Bardot était une mauvaise actrice. Pourtant, un seul regard d'elle jeté à son mari (interprété par Michel Piccoli), un seul, lancé au moment où il lui demande de monter dans l'Alfa Romeo rouge de son rival, et l'on comprend que l'amour qu'elle a pour lui est perdu à jamais, qu'il se transforme en mépris…

Helena m'a regardé avec tendresse, au contraire, en se rapprochant. Nous nous sommes longuement embrassés. Je commençai à retirer son pull.

— Attends, me dit-elle…

— J'attends… je t'attends…

— Et si tu étais un livre ?

Je ne suis pas un lecteur boulimique. J'ai lu, bien entendu, tout ou partie des classiques habituels que l'on nous fait étudier pendant la scolarité, mais je les ai oubliés. À l'adolescence, je m'étais passionné pour Sartre et les trois volumes des *Chemins de la liberté*. Plus tard, j'avais apprécié des auteurs aussi variés que Simenon, Boris Vian, Camus et son *Étranger*, Romain Gary, Modiano, Le Clezio, et quelques Américains : Jack Kerouac et son copain de *Sur la route* Neal Cassady, Raymond Carver, Patti Smith, Philip Roth, Jim Harrison. Mais je n'avais pas lu Proust, ni Céline, ni tant d'autres.

Un livre, que j'avais acheté récemment, me vint à l'esprit, en réponse à Helena.

— Tu ne le connais certainement pas ; il s'agit de *L'homme qui m'aimait tout bas*. Son auteur, Éric Fottorino, est un grand journaliste, essayiste et romancier français. Ce récit, écrit avec sensibilité et délicatesse, m'a particulièrement touché parce que le père de l'écrivain s'est suicidé d'un coup de carabine dans la bouche, comme le mien. Il était son père adoptif, moi, c'était mon « vrai » père, comme on dit souvent, à tort, mais cela ne fait aucune différence, au contraire, l'auteur lui rend un hommage plus déchirant encore, pour lui avoir transmis son nom.

Helena se blottit contre moi, m'embrassa, me prit dans ses bras et me serra très fort. Je lui fus reconnaissant de ne pas dire, comme tant d'autres dans ces circonstances, qu'elle était sincèrement désolée.

— C'est loin, tout ça, c'est évacué, mentis-je, répondant à ses baisers. J'avais seize ans… J'en ai presque quarante, aujourd'hui. À propos de père, justement, j'ai promis au tien de passer le voir avec toi pour lui dire au revoir. On y va ?

Elle s'étirait maintenant, avec un air malicieux.

— Tu veux me faire plaisir avant de partir ? me demanda-t-elle.

J'espérais que nous avions la même idée.

— Un câlin ?

— Autre chose...

Elle m'intriguait, subitement. Je lui demandai à quoi elle pensait.

— Faire un selfie de nous deux, avec, en arrière-plan, cette vue panoramique sur le Danube et ce pont suspendu, ce serait une photo tellement romantique…

Elle se leva et s'ébouriffa les cheveux pour les remettre en place, attrapa son téléphone.

— Tu veux bien ? me demanda-t-elle, avec son adorable accent.

Elle se tenait dos à la baie vitrée, l'appareil à bout de bras, impatiente que je pose à ses côtés. Je la regardais, fasciné par tant de naturel. Elle me désarçonnait. Elle avait l'art de passer en un instant d'une attitude des plus graves à celle d'une extrême légèreté. Elle me faisait du bien, moi qui venais d'évoquer, d'un air volontairement détaché, un passé si douloureux.

Je m'avançai vers elle. Le jour commençait à décliner. Machinalement, je claquai des doigts. J'avais vu ça dans un film de la fin des années quatre-vingt où, pour impressionner sa petite amie, Hippolyte Girardot éteignit d'un coup le scintillement de la tour Eiffel.

Comme par magie, les candélabres s'allumèrent sur le pont, les uns après les autres.

Je retrouvai un András revigoré, tel qu'il m'était apparu dans la matinée, quand j'avais fait sa connaissance. Helena n'avait pas voulu m'accompagner. Elle était fatiguée. Je lui ai dit que je serais rapidement de retour, le temps de saluer son père une dernière fois et de préciser avec lui quelques points pour mon compte-rendu. Il m'attendait dans son appartement surchauffé, en costume-cravate, et m'accueillit avec bonhommie. Il m'était si reconnaissant de ne pas le juger ! Après avoir répondu aux quelques questions que je me posais, il s'empara d'un magazine qu'il avait préparé sur la table. La couverture comportait la photo d'un panzer et un titre : *Budapest 1944-1945*.

— Avant que vous ne partiez, je voulais vous montrer quelque chose, me dit-il.

Il s'assit à mes côtés.

— Regardez ce qu'était devenue notre ville…

Il tournait lentement les pages de la revue où se succédaient des photos en noir et blanc, grand et moyen formats. Les premières avaient été prises pendant ou après le siège où s'étaient affrontées les forces soviétiques et les troupes allemandes et hongroises. La ville était un champ de ruines. On voyait des rues éventrées, dévastées par les mines antichars, des barricades de pavés, des socles de mitrailleuses, des immeubles effondrés ; la carcasse du pont des Chaînes était échouée dans le Danube ; un avion s'était encastré au dernier étage d'un immeuble en flamme ; des soldats russes, sourire aux lèvres, défilaient dans une avenue dévastée.

— C'était terrible ! reprit András. Tous les ponts sur le Danube avaient été dynamités. Dans les rues, des cadavres de chevaux côtoyaient les cadavres humains. Pendant des semaines, il n'y avait plus ni gaz, ni électricité, ni radio…

D'autres photos montraient des Croix fléchées à l'air déterminé, arborant fièrement leur brassard. C'était plutôt des hommes d'âge mûr, pas des gamins. Ils défilaient au pas cadencé, la hampe du drapeau du parti sur l'épaule, bottés, vêtus de leur uniforme noir et coiffés de leur képi.

Les dernières pages du magazine étaient consacrées à des scènes de rues : otages pendus à des gibets dressés par les Croix fléchées ; passagers entassés dans les tramways, débordant jusque sur les marchepieds ; femmes et hommes portant l'étoile jaune, marchant en file indienne les bras levés, encadrés par des gendarmes hongrois.

András alla ranger la revue dans la commode et revint avec un petit livre intitulé *Boy soldier, Budapest 1944-1945*, dont la couverture rigide était illustrée par la photo d'un très jeune garçon en uniforme, coiffé d'un calot. C'était presque un enfant. Il était assis, une main potelée sur le genou et regardait droit devant lui.

— Je veux aussi vous montrer ça, dit András, en poussant le document vers moi. Il parle de toute cette jeunesse, sacrifiée et formatée : de nous autres, les petits Croix fléchées, et des soldats issus des Jeunesses hitlériennes…

Je feuilletai l'ouvrage sans lire le texte, parcourant seulement les titres anglais, m'attardant sur les clichés en noir et blanc qui montraient des adolescents ; adolescents en uniforme posant fièrement dans les rues de Budapest ou devant des monuments en ruine ; gamins mettant en joue des habitants au regard incrédule. Sur une photo datée de novembre 1944, de très jeunes soldats allemands armés de mitraillettes encadraient un groupe d'une dizaine de personnes rassemblées sur le trottoir. Presque tous avaient les mains en l'air et semblaient terrorisés. Un homme d'une cinquantaine d'années, chapeauté, cravaté, portant l'étoile jaune sur son manteau, levait les mains plus haut que les autres. En bas du cliché, une fillette habillée d'une doudoune, guère plus jeune que les soldats, regardait l'un d'eux avec effarement. À l'arrière-plan, un autre groupe d'individus se tenait sur le trottoir d'en face, témoin de cette arrestation ; certains paraissaient s'en réjouir ; d'autres avaient sur le visage comme une expression de gravité ou d'indifférence. Un homme, portant un bébé coiffé d'un bonnet, attira mon attention. Il avait l'air assez jeune et était accompagné d'une femme tout aussi jeune qui lui donnait le bras. Elle le regardait avec inquiétude. Lui avait les yeux fixés sur la rafle à laquelle il assistait.

Je demandai une loupe à András. Il se leva et alla me la chercher dans l'un des tiroirs du bahut. Je le remerciai et examinai à nouveau le cliché, centrant la lentille sur le couple. Je la rapprochais et l'éloignais en tâtonnant, jusqu'à avoir une vision nette des visages. Celui de la femme ne me disait rien, mais quand je découvris les détails des traits de son compagnon, je restai figé de stupeur. Cet homme habillé d'un sombre manteau avec un bébé dans les bras, cet homme debout aux côtés d'une jeune femme qui, vraisemblablement, était la mère de l'enfant, cet homme qui regardait tous ces individus les bras levés, se demandant sans doute quand viendrait son tour, cet homme était le parfait sosie de mon père Gabriel, au même âge.

JE courais d'une foulée rapide sur l'avenue Andrássy, comme je le faisais autrefois à travers Paris quand la tension était trop forte. Courir vous remet les neurones en place ; courir vous aide à voir plus clair, lorsque la vie vous joue de sales tours ou vous réserve des surprises.

Je m'étais élancé spontanément, après être sorti de chez András. J'étais repassé devant l'Opéra et avais pris sur la gauche, en direction de l'hôtel. Je n'étais pas dans une tenue adaptée, mon manteau m'encombrait, mais j'avais peu à peu adopté un rythme régulier que je conservais et qui me convenait. Tout se bousculait dans ma tête : le récit d'András, l'image des Croix fléchées défilant au pas dans leurs uniformes noirs, la photo de cet homme, témoin d'une rafle comme il y en avait tant à l'époque, qui ressemblait trait pour trait à mon père. Remarquant mon trouble, András n'avait pas hésité à découper cette photo pour me la donner. Il ne m'avait pas posé de question, restant discret jusqu'au bout. Je l'avais remercié et assuré que madame Irène le recontacterait après avoir écouté son enregistrement. Maintenant, j'avais l'enseigne au néon bleu de l'hôtel devant les yeux, depuis le pont des Chaînes. Je transpirais à peine. Courir au-dessus des eaux gelées du Danube à la fois me déconcertait et m'apaisait. Mes pensées s'éclaircissaient légèrement ; plus exactement, elles se bousculaient un peu moins. Je décidai d'avancer mon retour et de réserver sur le dernier vol de 21 h 45 pour Paris.

⋆

— Ce serait assez incroyable s'il s'agissait de ta famille ! me dit Helena, en considérant la photo.

J'avais frappé à sa porte dès mon arrivée et elle était venue me rejoindre dans ma chambre.

— … Oui, de retrouver après soixante-huit ans mon grand-père avec mon père âgé de quatre mois dans ses bras, à côté de ma grand-mère, ajoutai-je… Mais c'est impossible… En novembre 44, László était encore dans un camp de travail. Il n'est rentré à Budapest qu'en décembre, après s'être échappé. D'autre part…

Je récupérai la photo des mains d'Helena et l'examinai attentivement.

— … D'autre part, continuai-je, mon père et mon grand-père ne se ressemblaient aucunement. C'était même un sujet de plaisanterie dans nos réunions de famille. On se demandait de qui pouvait bien tenir Gabriel : il avait un peu de sa mère, mais vraiment rien de László …

J'attrapai ma valise du haut de la penderie et la posai sur le bord du lit pour y ranger mes affaires. J'avais un vol dans deux heures, je n'avais plus une seconde à perdre.

— Ce serait donc une pure coïncidence, conclut Helena. La légende dit qu'on a toujours un sosie dans le monde. Celui de ton père n'était pas loin : il se trouvait à Budapest…

Elle était assise dans un fauteuil contemporain sur pied à haut dossier enveloppant et me regardait plier avec soin la veste de mon costume.

— Et quand vais-je rencontrer ma demi-sœur ? s'inquiéta-t-elle.

— Marika ? C'est ma cliente qui décide, mais d'après moi ça ne saurait tarder. Je te l'ai dit, ton père est quelqu'un de bien.

Je bouclai ma valise et téléphonai à la réception pour commander un taxi.

— Tu dois être satisfait. Ta mission s'est terminée comme tu voulais.

Il y avait de la tristesse dans sa voix, mêlée d'une pointe d'amertume.

— C'est vrai. Et grâce à toi. Je ne t'en remercierai jamais assez.

Le concierge m'a prévenu que mon taxi attendait. Helena a refusé de m'accompagner au rez-de-chaussée ; elle avait horreur des au revoir et plus encore des adieux.

Nous nous sommes longuement embrassés.

L'IDÉE faisait son chemin pendant le vol du retour vers Paris : le jeune homme et la jeune femme qui figuraient avec leur bébé sur la photo découverte chez András ne m'étaient pas étrangers ; la ressemblance entre cet homme et mon père n'était pas une coïncidence. Je pouvais avoir confirmation de cette intuition dès mon arrivée, en recherchant dans mes tiroirs les quelques photos que j'avais mises de côté à la mort de mon grand-père et sur lesquelles il posait avec ma grand-mère à Budapest, peu avant leur exil en France. Je pourrais alors comparer les deux femmes et sans doute conclure. Mais en attendant, plusieurs indices me portaient à penser que j'avais raison. Des souvenirs, endormis depuis des années, remontaient. L'un d'eux m'avait marqué. J'avais sept ans ; Mitterrand venait d'être élu, c'était la liesse en France et dans Paris, en particulier. Mon père et ma mère s'étaient rendus à la Bastille, une rose à la main, pour fêter l'alternance espérée depuis plus de vingt ans. Même les trombes d'eau qui s'étaient abattues sur la capitale ne les avaient pas incités à repartir et ils avaient dansé toute la nuit.

Le Parti socialiste avait raflé la majorité des sièges au Palais Bourbon. C'était un raz-de-marée et quatre ministres communistes avaient été nommés dans le deuxième gouvernement de Pierre Mauroy. Les derniers à avoir occupé des postes ministériels en France remontaient à 1947. Quatre ministres communistes, quatre seulement, sur les quarante-quatre membres du gouvernement, et c'était la panique dans le monde, dans notre pays et chez mon grand-père ! Il voulait quitter la France et partir pour Israël, cette nation où, soutenait son fils, les orangeraies si réputées de Jaffa étaient le symbole de la colonisation. Ces orangeraies avaient appartenu aux paysans palestiniens avant que Jaffa ne fût pilonnée par le nouvel État juif à coups de bombes et que le gouvernement israélien se les soit appropriées. La discussion, qui avait eu lieu au cours d'un repas de famille, s'était envenimée quand Gabriel avait déclaré à son père que les Juifs avaient fait aux Arabes ce qu'ils avaient subi eux-mêmes pendant la guerre. Il s'était levé de table, le poing en l'air, et lui avait lancé, avant de claquer la porte : « De toute façon, nous ne sommes pas du même bord et je ne serais pas surpris que tu ne sois pas mon père ! » Je n'avais pas tout compris, j'étais trop jeune, mais j'ai vu pleurer mon grand-père, pour la première fois. Il avait déjà plus de soixante-quinze ans. Lui, si élégant pour nous recevoir à déjeuner chaque dimanche dans le petit pavillon du XIIIe arrondissement de Paris qu'il avait acheté après la guerre, avait desserré son nœud de cravate et déboutonné le col de sa chemise ; c'était le signe évident d'un grand désarroi. Ma grand-mère, qui était atteinte de troubles bipolaires depuis des années, n'avait pas réagi. Elle était restée figée devant son assiette à peine entamée, telle une statue, le regard fixé sur le sillage évanescent de son fils.

Une autre fois, je n'étais guère plus âgé, mon père m'avait emmené voir un spectacle au Cirque d'Hiver. Il faisait beau ; nous avions décidé d'y aller à pied et pour cela il fallait traverser la Seine par le pont de Sully. Il s'était arrêté et m'avait assis sur le parapet, les jambes pendantes, côté fleuve. « Tu vois », m'avait-il dit, le regard tourné vers les flots, me serrant contre sa poitrine pour me retenir fermement, « chaque fois que je traverse un cours d'eau, j'ai l'impression que ton grand-père m'appelle… » Je me demandais si mon pressentiment ne faisait pas écho à cette phrase énigmatique qui me revenait tout à coup, si le suicide de mon père sur les rives de la Seine qui bordait notre maison de campagne acquise peu avant, n'avait pas un lien avec ces paroles mystérieuses.

D'autres souvenirs surgissaient, alors que le commandant de bord annonçait l'atterrissage imminent, mais ils venaient de ce que m'avait raconté ma mère. Mes parents s'étaient rencontrés en 1969, année érotique, mythique. Cette année-là, Neil Armstrong est le premier homme à déflorer la lune ; Serge Gainsbourg et Jane Birkin — une nymphette de vingt-deux ans découverte dans le film *La piscine*, où le couple légendaire Romy Schneider-Alain Delon s'était reformé au cinéma — provoquent un scandale planétaire en chantant *Je t'aime… moi non plus* ; un jeune écrivain américain, Philip Roth, fait scandale avec son troisième roman, *Portnoy et son complexe*, où il se livre à une description détaillée de son insatiable appétit sexuel et des différentes manières de le satisfaire. 1969, ce fut aussi l'année de l'élection de Georges Pompidou après la démission du général de Gaulle, de la séparation des Beatles, de l'envol du Concorde, premier avion supersonique commercial avec son long fuseau, ses ailes en delta et son bec pointu incliné vers le sol ; ce fut encore l'année du déménagement des Halles de Paris à Rungis, des festivals mythiques de Woodstock, d'Altamont, de l'île de Wight, et de l'inauguration, en France, du Café de la gare avec Romain Bouteille, Patrick Dewaere, Coluche. Mais, 1969, ce fut surtout, et avant tout, l'année où mon père et ma mère se rencontrèrent dans un magasin de disques du Quartier latin. Ils étaient venus acheter *le Métèque*, le tube de Georges Moustaki qui déferlait alors sur toutes les stations de radio et ils s'étaient disputé le dernier microsillon qui restait dans les rayonnages. Finalement, Gabriel avait offert le 33 tours à ma mère en lui demandant de le lui prêter lorsqu'elle l'aurait écouté. C'est ainsi que leur histoire avait commencé. Depuis les événements de mai 68, mon père avait adopté la position libertaire des contestataires et vivait dans une chambre de bonne au septième étage d'un immeuble bourgeois de la rue Geoffroy-Saint-Hilaire. Il avait quitté le domicile familial, abandonné ses études de lettres pour gagner sa vie comme livreur d'appareils électroménagers. Ma mère, elle, venait du Cantal et terminait à dix-neuf ans sa deuxième année de formation d'institutrice. Ils nouèrent aussitôt une relation passionnée, dévorante, enflammée, à l'image de la vague de chaleur qui avait envahi le pays, ce printemps-là. Ils étaient devenus inséparables et ne se quittaient que pour aller travailler. La nuit, ils dormaient tantôt chez l'un (ma mère habitait un petit studio à Neuilly), tantôt chez l'autre. Ils décidèrent de se marier en catimini, sur un coup de tête, avec deux témoins, sans avertir leurs familles. Leur union semblait tellement évidente ! Cet amour fusionnel, bouillonnant, tumultueux dura cinq ans, jusqu'à ma naissance, précisément. Selon ma mère, Gabriel changea du tout au tout après ma venue au monde, comme si le fait de devenir père l'avait traumatisé. Pourtant, il s'était fait une telle joie à l'idée d'être papa ! Lui qui jusque-là était si gai, si drôle, qui dévorait la vie et qui était toujours prêt à faire la fête, devint angoissé, solitaire, tourmenté. Il se mit à boire et à fumer, ce qui le rendit parfois violent, mais jamais contre nous. Irritable, impulsif, colérique, il avait le coup de poing facile, avant de reconnaître ses torts et de s'excuser aussitôt. Mon père, cet être hypersensible, cet écorché vif, torturé par ses angoisses, me prodiguait son amour à l'image de son comportement envers ses semblables : avec excès, puis soudain, sans raison apparente, avec retenue, s'enfermant dans sa coquille, comme si donner trop d'amour lui coûtait ou lui était impossible. Les seules valeurs qu'il m'avait enseignées, entre ses fuites et ses disparitions, lorsqu'il était au plus mal, étaient l'honnêteté et la vérité : il avait en horreur le mensonge et la dissimulation. Il avait confié à ma mère à plusieurs reprises qu'il soupçonnait un secret au sujet de ses origines…

La jeune femme qui se tenait aux côtés du sosie de mon père en novembre 1944 était bien ma grand-mère : je l'ai vérifié aussitôt après être arrivé chez moi, avec des photos que j'ai retrouvées, et je n'ai plus eu de doute sur les liens qui unissaient cet homme et le bébé qu'il portait dans les bras. Un flot de questions m'envahissait : qui était cet homme ? Comment ma grand-mère l'avait-elle rencontré ? László était-il au courant de l'infidélité de sa femme ? Savait-il que Gabriel n'était pas son fils ? Et, dans l'affirmative, pourquoi ne pas lui avoir révélé la vérité ?

Je me couchai, fébrile, agité, me demandant si mon père n'en avait pas fait lui-même la terrible découverte en préparant sa nouvelle collection consacrée à l'Europe centrale.

Je décidai, le lendemain, de me rendre à la maison de retraite. Il fallait que j'entende ma grand-mère. Je n'attendais de sa part aucune révélation spontanée, mais j'espérais que l'exhibition soudaine du cliché où elle se tenait aux côtés de l'homme qui portait mon père dans les bras pourrait produire un déclic et déclencher une réaction. Les visites n'étant autorisées que l'après-midi, j'appelai madame Irène et lui proposai de venir lui rendre compte de ma mission auprès d'András, ce qu'elle accepta.

Le feu crépitait dans la cheminée quand Célestine, la domestique, m'a fait entrer dans le salon. Je la connaissais un peu mieux, maintenant. Enchignonnée, classique, voire austère avec son tablier blanc mis sur une blouse noire, elle était au service de sa patronne depuis son accident et lui témoignait un attachement sans borne. Logée sur place, elle était disponible 24 heures sur 24, excepté le mercredi où elle rendait visite à sa sœur à Viry-Châtillon.

Elle avait largement dépassé l'âge de la retraite, mais n'envisageait à aucun moment d'arrêter son travail. Que ferait madame Irène, sans elle ? Et celle-ci ne songeait nullement à s'en séparer.

— Monsieur Simon, je suis si contente de vous revoir !

Ma cliente arrivait du vestibule dans son fauteuil électrique et glissait vers moi à roues feutrées. Emmitouflée dans le plaid que je lui avais toujours connu, elle m'adressa un sourire radieux en dégageant une main.

— C'est un plaisir partagé, Madame, lui dis-je, la gorge serrée.

Je pressentais que c'était une des dernières fois que nous nous verrions. Sans attendre, je lui racontai ce que je savais sur András et lui remis mon compte-rendu, les photos et l'enregistrement.

— Il est resté bel homme, me dit-elle, en découvrant les clichés que j'avais imprimés à l'aube. C'est inouï, son passé nazi et son chemin de croix pour se racheter ! Il ne m'en avait jamais parlé, en 1965, à Budapest. Il faut dire que lorsque nous nous retrouvions dans l'intimité, nous avions mieux à faire…

Célestine arrivait avec un plateau chargé du service à thé et de macarons.

— Monsieur Simon, poursuivit ma cliente en remplissant ma tasse, je vais écouter votre enregistrement à tête reposée et je déciderai ensuite ce que je vais faire. Le plus difficile pour moi, ce sera de trouver les mots justes pour parler de son père à Marika : j'ai peur qu'elle me reproche de lui avoir caché son identité pendant toutes ces années…

Je repensais à Gabriel, à ses doutes, à son horreur du mensonge et de la dissimulation. J'ai failli raconter à madame Irène ce que j'avais découvert le concernant, chez András. Je me suis abstenu. Après tout, cette histoire ne regardait que moi et ma famille et je ne voulais pas qu'elle en sorte. Mais je me demandais comment Marika allait recevoir la nouvelle que j'apportais. Curieusement, madame Irène ne m'avait jamais parlé de sa fille, elle m'avait seulement dit qu'elle ignorait qui était son père. Quant à elle, bien sûr, je ne l'avais jamais croisée puisque sa mère agissait à son insu. D'après sa photo, je l'imaginais un peu comme avait été ma cliente, indépendante, séductrice, une sorte de businesswoman ne doutant pas d'elle-même, à la tête, ou au moins à un poste clé, d'une grande entreprise. Belle, au mitan de son existence, forte de son éducation et de sa fortune familiale, elle devait être une de ces femmes qui gérait sa vie de main de maître, insensible au jugement des autres, soucieuse de parfaire son réseau. C'est ainsi que je voyais Marika, faute de l'avoir rencontrée et d'en avoir davantage entendu parler. Mais sans doute me trompais-je. Je me rendais compte que je ne pensais à elle que par clichés. L'absence, l'inexistence, même, de son père, n'était-elle pas aussi sa fêlure ?

Madame Irène actionna légèrement le joystick de son fauteuil pour se rapprocher de moi.

— En tout cas, je vous remercie, vous vous êtes parfaitement acquitté de la mission que je vous avais confiée. Je ne manquerai pas de vous tenir au courant de ma décision.

Je me levai pour prendre congé.

— C'est moi qui vous remercie, madame Irène. Vous avez cru en moi et m'avez redonné confiance.

Et, après une hésitation :

— Je peux vous embrasser ?

Elle tendit les bras vers moi. Je me penchai et la serrai contre mon cœur qui battait fort, très fort.

Je m'en allai sans me retourner.

C'EST un ciel de banlieue gris comme la poussière. La maison de retraite où vit ma grand-mère est comme toutes les maisons de retraite, elle sent le vieux. Je traverse le hall devant une dizaine de résidents assis en ligne, le regard résigné sur leur solitude. Je monte les escaliers à grandes enjambées jusqu'au troisième étage, le dernier de ce bâtiment froid et sans charme. Dernière chambre à droite, au bout du couloir. J'hésite avant de frapper : est-il nécessaire de remuer ce douloureux passé ? Je crains de porter un coup fatal à ma grand-mère âgée de quatre-vingt-treize ans, bientôt quatre-vingt-quatorze, en évoquant cette période de sa vie qu'elle a refoulée dans les limbes de l'oubli. Je suis sur le point de m'enfuir, de quitter ce lieu à l'impalpable odeur de cadavre, mais je me ravise. Je suis là pour mon père ; pour la première fois, je me mets à sa place, je le comprends : impossible de vivre en soupçonnant un secret sur ses origines. Mais pourquoi n'a-t-il pas cherché alors à interroger ses parents, comme je m'apprête à interroger sa mère ? Sans doute n'a-t-il pas osé, ou bien les aurait-il sollicités, en vain ? Tant de questions me viennent, en regard de ma seule certitude : sa mort.

Anna est dans son fauteuil et regarde la télévision ; elle n'a pas entendu la porte s'entrouvrir. Je l'observe discrètement, surpris qu'elle ne soit pas alitée. Elle paraît aller mieux qu'à l'ordinaire, enveloppée dans une robe de chambre bleu ciel molletonnée, les yeux fixés sur l'écran. Accaparé par mon travail pour madame Irène, je ne lui ai pas rendu visite depuis deux mois. Peut-être est-elle dans une phase euthymique de sa maladie ? L'établissement est médicalisé et veille sur la santé des résidents, sur la prise régulière de leurs médicaments. C'est un de ses points positifs, avec son parc et ses services : un salon de coiffure, d'esthétique, de massage, etc. De fait, Anna a les cheveux soigneusement peignés et sa couleur est récente. Je pousse un peu plus la porte. Elle tourne la tête. Un sourire éclaire son visage étonnamment lisse, sans rides. Malgré sa maladie, elle a toujours pris soin d'elle, coquette jusqu'au bout de la vie. Elle fait une tentative pour se lever ; je m'approche avant qu'elle se mette debout, je la prends dans mes bras.

— Tu as l'air d'aller bien, Mamie, lui dis-je en l'embrassant.

Elle me répond, comme toujours, que ça ne va pas, qu'elle attend la mort depuis si longtemps. Je l'embrasse à nouveau. J'éteins le téléviseur. Je la cale confortablement dans son fauteuil et je m'assois à ses côtés.

— Tu as toujours été adorable avec moi, poursuit-elle, en serrant très fort ma main.

Je regarde à travers la fenêtre. Elle donne sur le parc dont les arbres sont recouverts de givre ; les allées sont désertes ; les visiteurs ne s'aventurent pas à accompagner leurs aînés à l'extérieur, avec les morsures du froid de ce mois de février ; tout juste leur proposent-ils une partie de jeux de société dans la salle commune, ce que je n'ai pas à faire avec Anna : elle ne sort jamais de sa chambre, ne se mêle pas aux autres résidents, ne va pas dans la salle de restaurant. Une femme de service lui apporte ses repas et débarrasse son plateau, dès qu'elle a terminé. La seule personne qu'elle a plaisir à voir depuis la mort de son fils et de son mari, c'est moi, son petit-fils. Les premières années, j'ai pu la laisser dans son appartement en faisant appel aux services d'aides à domicile, mais bientôt il a fallu le vendre et la placer dans cet EPHAD médicalisé. Le montant de la transaction a permis, et permet, pour quelques années encore, de couvrir les frais de séjour dans l'établissement. Je m'étais occupé avec ma mère de toutes les démarches, et même si Anna m'en a voulu un moment de l'avoir arrachée à son lieu de résidence, elle me sait gré de ne pas l'abandonner.

— Je n'ai plus que toi au monde, me dit-elle dans un murmure.

Je me décide et sors de la poche de ma veste la photo où elle se tient aux côtés du sosie de mon père.

— Te reconnais-tu ? lui demandé-je à brûle-pourpoint.

Elle ne réagit pas immédiatement, me prie d'aller chercher ses lunettes dans le tiroir de la table de nuit, les chausse avec difficulté. Elle examine le cliché, se fige, tourne la tête vers moi. Son visage est blême, d'une blancheur de craie. Panique dans le regard, bientôt embué par des larmes qui coulent le long de ses joues ; et de sa bouche édentée, un prénom, comme un cri, qui remplit la chambre tout entière, s'engouffre dans les couloirs de l'établissement pour s'échapper par les ouvertures et se perdre dans le parc : Sanyi[1] !

[1] Alex !

BUDAPEST, juin 1938. Anna est une jolie jeune fille de vingt ans qui habite avec son mari un immeuble bourgeois de l'ancienne cité de Buda. Elle vient d'épouser László, un homme de treize ans son aîné. Cet homme, elle le connaît sans le connaître. Apprenti dans l'usine de papier de son père, puis devenu son bras droit, il est souvent invité chez ses parents et dans leur résidence secondaire sur le lac Balaton. Quand elle est encore une enfant, il lui fait la lecture ou lui apprend à jouer aux échecs. Plus tard, il l'initie au tennis, à la natation. Quand elle a dix-huit ans, elle se rend bien compte qu'il la regarde différemment, qu'il n'est pas aussi naturel en sa présence que par le passé. Par gentillesse, elle accepte parfois ses invitations au théâtre, au restaurant, mais, pour elle, c'est « un vieux » : impossible d'envisager le moindre avenir avec un homme de cet âge.

Alors pourquoi avoir accepté sa demande en mariage, deux ans plus tard ?

Pendant l'année du bac, Anna tombe éperdument amoureuse de János, le petit caïd du lycée de garçons d'à côté. Les années précédentes, elle a déjà eu quelques flirts, mais jamais elle n'a éprouvé une telle attirance. János, elle le suivrait au bout du monde. Il est si beau, si fort ! Après les cours, ils se promènent main dans la main sur les rives du Danube ; ils se cachent derrière les baraquements pour s'embrasser. Ils élaborent des projets, se promettent fidélité, décident de se marier dès leur majorité.

Anna croit aux contes de fées. Elle est sentimentale, on pourrait dire fleur bleue. Ses photos de l'époque en témoignent : elle s'habille en princesse, pose comme une star devant le photographe, qu'il soit professionnel ou amateur. János, lui, est tout le contraire. Issu d'une famille démunie, il s'est endurci avec l'âge et n'a pas le loisir de rêver. Les dimanches où ils se réfugient dans un cinéma, moins pour regarder le film que pour flirter bien tranquillement dans le noir, c'est elle qui paie les places. Elle le fait volontiers ; elle a autant d'argent de poche qu'elle désire. Née à la fin de la Première Guerre mondiale, alors que ses parents avaient renoncé à l'idée d'avoir un enfant, elle a été accueillie comme une déesse. Adulée, gâtée, surtout par son père qui cède à tous ses caprices, elle a une adolescence dorée. Mais elle se doute bien que ses projets avec János n'auront pas l'assentiment de ses parents. Alors, passé le bac, elle décide de s'inscrire dans une école pour apprendre la sténodactylo et assurer son indépendance financière. De toute façon, sa religion et le *numerus clausus* instauré par l'amiral Horthy en 1920 lui barrent la route de l'université pour la réalisation de son souhait : devenir médecin. Son diplôme en poche six mois plus tard, elle trouve sans difficulté un emploi de secrétaire dans un cabinet d'architectes. C'est le moment que choisit János pour la quitter.

Désespoir. Tentative de suicide. Dépression. Ses rêves de midinette s'effondrent. Toutefois, devant l'inquiétude de ses parents qui menacent de la faire hospitaliser, elle se ressaisit. Pendant un temps, elle se réfugie dans son travail, suit une formation en comptabilité. Plus tard, elle se transforme en oiseau de nuit : elle fréquente les cafés, les théâtres, les restaurants, les dancings ; il y a encore une vie sociale, à Budapest, dans ces années-là. Mais, bientôt, elle se lasse de sortir presque chaque soir avec des prétendants qu'elle évince les uns après les autres. László est à ses pieds et se fait plus pressant. Pourquoi pas, après tout, se dit-elle. Il est sérieux, gentil, travailleur, ses parents le considèrent déjà comme leur fils. Elle n'est pas amoureuse, mais elle accepte de devenir sa femme.

Les années passent. Le couple vit confortablement dans leur vieil appartement et leurs meubles anciens. László gagne plus que correctement sa vie, mais Anna tient à continuer à travailler. C'est une question de principe, pour être libre, pour ne pas dépendre financièrement de son mari. En outre, elle aime ce qu'elle fait et elle est appréciée de ses patrons. Personnellement, elle ne souhaite pas avoir d'enfants avant quelques années, de peur de perdre son emploi, justement, mais László insiste, alors elle veut lui faire plaisir. Par chance, elle ne tombe pas enceinte, pas encore.

Chaque dimanche, ils vont déjeuner chez ses parents dans leur grande et belle maison, non loin de leur logement, dans le quartier du Château. Contrairement à elle, sa mère est une formidable cuisinière qui les régale de choux farcis nappés de crème fraîche, de poulet au paprika, de *lángos* et de *beigli*, ces gâteaux traditionnels aux noix ou aux graines de pavot. Pendant le repas, les hommes discutent travail ; ils ne peuvent s'en empêcher. Le père d'Anna va avoir soixante-cinq ans et il songe sérieusement à passer la main à son gendre, mais le climat social et international est des plus inquiétants : la deuxième loi antijuive, qui réduit encore la place des Juifs dans la vie économique hongroise, est adoptée en mai 1939. Quelques mois plus tard, Hitler et ses troupes envahissent la Pologne, entraînant aussitôt l'entrée en guerre de la France et de la Grande-Bretagne. Et ce 27 juin 1941, László Bárdossy, l'actuel premier ministre, vient d'engager la Hongrie, alliée de l'Allemagne, dans un conflit aussi absurde que suicidaire contre l'Union soviétique. Bien sûr, László et son beau-père reconnaissent que depuis le début de cette *drôle de guerre*, pas une seule bombe anglo-saxonne n'est encore tombée sur le pays ; bien sûr, ils se disent que, malgré les dispositions humiliantes et ignobles des lois antisémites, chaque citoyen juif de Hongrie peut garder son logement et, à quelques exceptions près, continuer d'exercer son activité au sein de la société ; bien sûr, ils savent que la vie est encore douce à Budapest. Rien ne manque dans les magasins. C'est même l'abondance. Les salons de thé, les cafés, les restaurants sont ouverts. Il y a des bals. Les étrangers qui séjournent dans la capitale s'en étonnent et disent de Budapest qu'elle est « un havre de paix ».

Depuis les grosses chaleurs de l'été, Anna et ses deux collègues de travail ont pris l'habitude de pique-niquer sur l'île Marguerite pendant l'heure du déjeuner. Chaque jour à midi précis, excepté les week-ends, on peut voir ces trois jolies jeunes filles courir vers le tramway avec leurs provisions, entrer dans le parc et chercher une ombre sous les immenses platanes. La plupart du temps, elles se mettent plus ou moins au même endroit, mais, ce jour-là, cette île située sur le Danube entre Buda et Pest, appelée autrefois *l'île des lièvres*, a été prise d'assaut et, malgré l'immensité des prairies plantées d'arbres, elles ont du mal à trouver un coin isolé où étaler leur nappe. Enfin, elles se décident et s'installent en riant dans le jardin japonais, au bord de l'étang rempli de poissons et de tortues, non loin d'un groupe de cinq garçons qui pique-niquent, comme elles. Œillades croisées, plaisanteries, rires étouffés. Bientôt les jeunes gens se rassemblent, font connaissance. Après Janós, et pour la deuxième fois de sa vie, le cœur d'Anna s'emballe : parmi les cinq, un garçon l'attire particulièrement. Et cela semble réciproque. Il est grand, mince, la peau mate, les cheveux bruns. Il paraît avoir le même âge qu'elle, peut-être un peu plus. Et quand il fixe Anna de ses yeux bleu clair, elle baisse la tête, elle rougit. D'ailleurs, lui aussi. Il détourne très vite le regard, honteux d'avoir eu tant audace.

Le repas terminé, les filles rangent leurs affaires et saluent leurs compagnons : avant de reprendre le travail, elles vont se rafraîchir, comme chaque fois, dans la piscine à vague du Palatinus ; par cette chaleur, elles emportent toujours leur maillot. Quelle bonne idée ! répliquent les garçons. Nous aussi nous avons nos maillots. Et les voilà tous partis vers la rive du Danube. Instinctivement, Anna et le beau brun à la peau mate se rapprochent, marchent côte à côte. Il la domine d'une bonne tête, pourtant, elle fait presque un mètre soixante-dix. Ils n'osent pas parler. C'est lui qui se lance : « Je m'appelle Sanyi, et vous ? » Elle hésite. Elle est mariée. Depuis ses noces, elle n'a jamais adressé la parole à un autre homme que László, en dehors de ses patrons, bien sûr, pour son travail. Si elle répondait à ce garçon, elle aurait le sentiment de trahir son mari. Pourtant, presque malgré elle, elle murmure son prénom en fixant ses chaussures, mais si bas, si timidement, que Sanyi lui demande de le répéter.

C'est avec une étrange impression d'être une autre qu'elle prononce son prénom à nouveau, plus haut, plus fort, en regardant cette fois le jeune homme dans les yeux, ses beaux yeux si bleus et si clairs, le redit encore et encore pour être certaine que sa tête et son cœur en soient imprégnés à jamais, consciente dès cet instant qu'elle est perdue, qu'elle ne pourra plus revenir en arrière.

BUDAPEST, été 1942.

Anna et Sanyi se voient régulièrement depuis un an. En écoutant sa grand-mère parler de cet été-là, Simon repense au film de Robert Mulligan et à la chanson si mélancolique que Michel Legrand avait composée pour ce drame. L'histoire de nos deux amoureux n'a pas grand-chose en commun avec celle des protagonistes de *Summer of '42*, si ce n'est leur insouciance, leur mise à l'écart de la guerre. Elle fait pourtant rage, à l'Est, entre les soldats de l'Axe et les forces soviétiques, mais les conflits sont bien loin de Budapest et des préoccupations du jeune couple. Chaque jour de la semaine, ils se rencontrent en toute discrétion pendant l'heure du déjeuner. À midi pile, Anna quitte le bureau et s'envole vers le tramway qui la conduit dans le Ve arrondissement où Sanyi loue un petit appartement. Ses deux collègues de travail sont dans la confidence et la couvriraient en cas de retard ou autres inattendus. Elles sont tellement heureuses pour elle, heureuses de la savoir amoureuse. Et c'est vrai, Anna n'a jamais autant été en symbiose avec un homme. Tout lui correspond, chez Sanyi : son goût de la lecture et de la musique, son goût pour la natation, le tennis et le sport en général, son amour du cinéma et du théâtre. Quant à la rencontre de leurs corps…

De confession juive, il est né la même année qu'elle, en 1918, dans le petit village de Zaláta, près de Pécs, non loin de la frontière croate. De sa famille, il est le dernier. Il a deux frères : Armin, décédé avant sa naissance et Lukács, de dix-sept ans son aîné, si bien qu'il a été considéré et élevé comme un fils unique. De sa petite enfance, Sanyi garde surtout le souvenir d'avoir été la mascotte des clients du café de ses parents. À dix-huit ans, il quitte son village après avoir obtenu le bac et il rejoint son frère à Budapest qui lui propose de l'héberger un moment. Tandis que Lukács et sa femme dorment dans la salle à manger, il partage la chambre de leur fille, Lilla, avec qui il a une grande complicité. Cette gamine, qui n'a pourtant que huit ans, est très douée en dessin : en deux coups de crayon, elle croque un personnage que l'on peut identifier immédiatement. Chaque soir, avant de se coucher, Sanyi invente des histoires rocambolesques qu'elle illustre sur-le-champ sous forme de bandes dessinées et ils rient tous les deux, ils rient, au point de ne pouvoir s'endormir que tard dans la nuit. Lukács, bien souvent, doit mettre le holà. D'ailleurs, sermonne le frère aîné, il est grand temps qu'il fasse quelque chose de ses dix doigts ! Il ne peut rester à rêvasser toute la journée. Aussi, Sanyi décide-t-il de s'inscrire à une formation de décorateur d'intérieur. Il a toujours été attiré par les beaux meubles, les matériaux nobles, les couleurs, les volumes, les éclairages, qui sont des fondamentaux dans l'aménagement de l'espace. Son diplôme en poche, il se fait bientôt embaucher chez *Benyovits*, le magasin de meubles le plus réputé de Budapest, situé Vaci utca. On y trouve des pièces uniques de style Louis XV, Louis XVI, Biedermeier, Art déco, etc., que les bourgeois les plus aisés s'arrachent, venant parfois de loin. Sanyi a commencé comme vendeur, mais depuis peu, il se rend chez des clients pour les conseiller dans l'aménagement de leur appartement. Il est très demandé et les pourboires qu'il perçoit doublent sans peine son salaire. Ces extras lui ont permis de partir de chez Lukács et de louer un petit appartement non loin de son travail ; appartement dans lequel Anna arrive chaque jour ouvré essoufflée, mais rayonnante de bonheur.

Une relation adultère… Il ne faudrait pas croire que nos tourtereaux s'y complaisent. Sanyi n'a qu'un seul objectif : épouser Anna après son divorce, et vivre avec elle au grand jour. Il lui est pénible de toujours devoir se cacher, de la voir en catimini, jamais les week-ends ni pendant les vacances. Son souhait le plus cher serait de présenter Anna à ses parents, qui vivent désormais de leur retraite à Pécs, et surtout à Lukács et à sa famille. Il est certain qu'ils s'entendraient bien tous les cinq et qu'ils passeraient ensemble de merveilleux moments. Mais il respecte le temps d'Anna ; il ne veut en aucun cas précipiter les choses ni lui forcer la main. Elle aussi est perturbée — sans doute plus encore que lui — par cette situation qu'elle n'a pas cherchée et qui lui est « tombée dessus » d'une manière si soudaine. Elle sait qu'elle doit parler à son mari, mais elle a pour lui trop d'estime pour prendre le risque de lui faire du mal ; il ne s'en remettrait pas. Quant à la réaction de son père et de sa mère s'ils connaissaient sa trahison, elle ne veut même pas y penser ; ils la répudieraient sur-le-champ, surtout son père. Hors de ma vue, lui dirait-il, tu es indigne de notre famille, je ne veux plus jamais te revoir !

En attendant (en attendant quoi, au juste ?), Anna doit dissimuler, sinon simuler. Chaque soir, en rentrant du travail, elle retrouve László, si bon, si gentil, fatigué par sa journée de labeur, et elle a honte. Honte de le tromper et d'abuser de sa confiance, honte de profiter de lui et du confort qu'il lui offre, honte de ne pas assez l'aimer, tout simplement, alors qu'elle se sent si heureuse dans les bras de son amant. Bien sûr, elle fait encore l'amour de temps à autre avec son mari. László tient à avoir une descendance. Bien sûr, elle n'ira pas jusqu'à dire qu'elle se force, mais la jeunesse de Sanyi, sa fougue, sa passion, sa tendresse aussi, sont sans pareilles.

Plusieurs fois, elle a tenté, sans succès, de révéler sa liaison. Ce soir encore, elle s'est décidée à parler, après le dîner. László et Anna sont assis dans un fauteuil, chacun un livre à la main, lui, au fond du salon, elle, devant la fenêtre grande ouverte sur les marronniers. Le jour décline. Un vent léger fait bruisser les feuillages. Entre deux pages, elle observe son mari. À trente-sept ans, il a un début de calvitie, mais il a de l'allure. Grand, svelte, distingué, il est bel homme et ne fait pas son âge. Même en tenue d'intérieur, comme ce soir-là, dans sa robe de chambre en soie, il reste très élégant. Concentré sur sa lecture, il ne remarque pas le regard discret, mais soutenu de sa femme. Pourtant, il lève bientôt la tête, lui sourit, hésite : tout va bien ma chérie ? lui demande-t-il d'une voix douce, avant d'ajouter sans attendre sa réponse : je t'aime tellement ! et de se replonger dans son ouvrage.

S'il restait encore à Anna une once de courage pour passer aux aveux, elle perd à présent tous ses moyens et ne peut plus prononcer un mot. Sur son visage qu'elle dissimule derrière son livre coulent deux larmes. C'est peut-être aussi simple que cela le bonheur, pense-t-elle, en s'imprégnant de l'atmosphère paisible et ouatée de leur salon où des éclairages tamisés créent un jeu d'ombres et de lumières. Demain… Elle parlera demain…

La situation se complique, lorsqu'en novembre 1943, Anna apprend qu'elle est enceinte de presque deux mois. Inquiète de la réaction de Sanyi, elle le lui annonce en premier. Il est ravi. Mais est-elle sûre que l'enfant soit de lui ? C'est plus que probable, cependant, elle ne peut l'affirmer ; elle a fait l'amour avec son mari, rarement, mais elle l'a fait, d'ailleurs, par honnêteté vis-à-vis de Sanyi, elle ne s'en est jamais caché.

Elle va maintenant annoncer la nouvelle à László. Il sera fou de joie, elle le sait, depuis le temps qu'il souhaitait avoir un enfant. Devra-t-elle lui avouer dans la foulée qu'elle a un amant ? Sanyi l'y encourage, mais pour Anna, il n'en est pas question : ces deux révélations énoncées l'une à la suite de l'autre risqueraient de le tuer.

Le jeune couple continue de se voir quotidiennement pendant la pause déjeuner, mais Anna a de plus en plus de scrupules. Depuis qu'elle a révélé sa grossesse à László, il est aux petits soins pour elle, il ne lui laisse rien faire, même si la femme de chambre et la cuisinière s'occupent déjà de tout dans l'appartement. Le soir, avant de se coucher, il lui masse le dos, les jambes, et lui souhaite bonne nuit en l'embrassant sur le front. Anna est rongée par les remords et ne sait plus quoi faire. À force de réfléchir, elle se convainc qu'elle aura le courage de tout dire à László après l'accouchement. Oui, elle en est certaine, quand elle tiendra ce nouveau-né contre son sein, elle saura dire à son mari qu'elle le quitte, mais qu'il pourra voir l'enfant chaque fois qu'il le désire.

Cette année, pour la première fois, László n'a pas acheté de sapin de Noël. À cause de la guerre ils sont introuvables dans les magasins. L'an prochain, ce devrait être différent. Beaucoup ici le pensent, l'Allemagne et ses alliés vont être défaits et le temps des conflits sera révolu. Si tout se passe comme prévu, Anna accouchera en juin et le Noël suivant, il l'espère, son fils (ou sa fille) écarquillera les yeux sur un arbre étincelant de lumières.

L'invasion de la Hongrie par les forces allemandes, le 19 mars 1944, vient briser les espoirs de László ainsi que les projets de Sanyi, d'Anna et de tous les habitants du pays. Arrive également, en même temps que les divisions allemandes, le SS Adolf Eichmann, à la tête d'une unité spéciale. Il est chargé de mettre en œuvre le programme d'extermination des Juifs hongrois. Ce programme s'appuiera sur la coopération d'un grand nombre de citoyens et d'institutions du pays, tels que le ministère de l'Intérieur, la gendarmerie, les administrations locales ou la police. Par un matin neigeux de la fin mars, on vient chercher László pour l'incorporer dans une unité du Service de travail forcé. La veille de l'occupation allemande, Horthy a rencontré Hitler au château de Kleissheim à Salzbourg et a accepté de livrer plusieurs centaines de milliers de Juifs qui iront travailler pour le compte de l'Allemagne. László est dans la liste. Anna est effondrée. Elle supplie les policiers de ne pas l'emmener ;

voyez, leur dit-elle en exposant son ventre, je suis enceinte, j'ai besoin de mon mari ! Mais rien n'y fait. Il a juste le temps de rassembler quelques affaires dans une valise et de l'embrasser. Prends soin de toi, lui dit-il, ce ne sera pas long, je rentrerai dans quelques jours. En fait de quelques jours, László restera neuf mois dans un camp de travail, avant de s'en échapper.

Dans le silence de l'appartement, Anna fond en larmes. Avant d'informer ses patrons qu'elle ne viendra pas travailler, elle doit prévenir ses parents. Elle court dans les rues enneigées, emmitouflée dans son châle et son grand manteau, croise les premiers tramways qui projettent leurs lueurs jaunes à travers la brume matinale et arrive, essoufflée, devant leur porte. Ils sont anéantis. C'est impossible, dit son père, il y a certainement une erreur ; jusque-là, les Juifs de Budapest ont toujours été protégés, seuls ceux de province ont été inquiétés l'été 1942, quand on les a envoyés comme travailleurs forcés sur le front de Voronej, au service de l'armée hongroise. Anna pleure et se blottit dans les bras de sa mère. À partir d'aujourd'hui, lui suggère son père, tu viendras habiter à la maison, il serait tout à fait imprudent que dans ton état, tu restes seule chez toi. Elle est d'accord. Que ferait-elle, isolée, dans son appartement. Elle pourrait s'installer chez Sanyi, mais dans ces circonstances, ce serait inconvenant, inimaginable ! De toute façon, ses parents l'apprendraient aussitôt et ne l'admettraient pas. Tant qu'elle peut encore travailler, elle pourra continuer à voir son amour pendant l'heure du déjeuner, comme elle le fait chaque jour depuis presque deux ans. Ensuite ? Ensuite, elle avisera. Elle ne fait plus de projets. À quoi bon, puisque le monde est devenu fou : les SS défilent au pas de l'oie dans les rues ;

les adhérents des Croix fléchées, ce parti pronazi qui prône la pureté de la race hongroise, se montrent au grand jour ; les alertes aériennes s'intensifient. Pour l'instant, les appareils anglais, américains et russes ne font que passer au-dessus de Budapest, en route vers les villes allemandes, mais bientôt ils jetteront leurs bombes sur la capitale…

Anna a retrouvé Sanyi à midi et il la réconforte. Même si László est son rival, il le respecte et il déplore sincèrement ce qui lui arrive. Il comprend parfaitement qu'elle ait choisi d'habiter chez ses parents : ce serait indécent qu'elle emménage chez lui, alors que son mari est détenu en camp de travail. Et, sur un plan pratique, étant enceinte de six mois, elle sera bien mieux dans cette grande maison que dans son appartement si petit et inconfortable. En ce qui le concerne, il n'a pas changé : il aime Anna et veut toujours l'épouser dès qu'elle aura divorcé, même si l'enfant n'est pas de lui. Mais, étant donné les circonstances, plus rien ne presse, maintenant, d'autant que courent des rumeurs alarmantes. Son patron lui a rapporté que le gouvernement est sur le point de publier une ordonnance autorisant la confiscation des biens juifs. *Benyovits*, comme beaucoup d'autres entreprises et magasins juifs, va bientôt devoir fermer, ce qui ne serait pas si grave, si ce n'était le prélude au recensement de tous les Juifs du pays et à leur élimination. Oui, Anna a bien entendu : la déportation des Juifs de province serait déjà programmée par zones et avec un calendrier. Et l'administration songe à recenser de la même façon tous les Juifs de la capitale.

Les événements qui ont lieu les jours et les mois suivants confirment, s'il en était besoin, l'exactitude de ces rumeurs. Les opérations sont menées avec rapidité : le

5 avril 1944 parait le décret rendant obligatoire le port de l'étoile jaune pour les Juifs. Dix jours plus tard, ceux qui vivent en province sont regroupés dans des ghettos. Début mai, c'est au tour des Juifs de la banlieue de Budapest d'être parqués dans les briqueteries des faubourgs. Et à partir du 15, en moins de deux mois, près de 435 000 Juifs répartis dans 147 convois sont déportés des campagnes hongroises à destination d'Auschwitz…

Pendant ce temps, à Budapest où la population est encore épargnée, Anna se terre dans la maison de ses parents. Avec son ventre proéminent, elle ne sort plus. La ville est maintenant régulièrement bombardée par l'aviation alliée et les trottoirs sont couverts de morts. Au milieu des alertes et des attaques aériennes, les gens paniquent, ils courent se réfugier sous les tunnels ou dans les abris, se disputent les meilleures places, s'entassent le plus souvent dans la pénombre à cause des coupures de courant, entre les pleurs des bébés et les explosions étouffées des bombes. Chaque jour, elle attend une lettre de László qui n'arrive jamais. Sanyi vient la voir en cachette de ses parents, quand ils ont prévu de sortir pour le ravitaillement et qu'elle a pu l'avertir à temps. Comment occupe-t-il ses journées maintenant qu'il ne travaille plus ? Elle l'ignore. Il n'est pas très bavard. D'ailleurs, il ne s'attarde guère, de peur que les parents d'Anna ne les surprennent ; il reste seulement le temps de prendre des nouvelles de sa santé, de celle du bébé à venir et de lui dire qu'il l'aime.

Le 3 juin 1944 à l'aube, Gabriel voit le jour dans le grand hôpital de Budapest, sous le son des sirènes et du vacarme assourdissant des bombes. Malgré le danger, ses grands-parents viennent le voir dans l'après-midi même. Ils sont fous de joie de faire sa connaissance. Il a encore les marques rouges des forceps sur le crâne, mais elles doivent rapidement disparaître. Seule l'absence de László ternit leur bonheur ; sait-il seulement que sa femme a accouché ? Il doit s'en douter — la grossesse est arrivée à terme — mais comment le prévenir ? On ignore toujours où il est.

Anna pense à son mari, bien sûr, mais elle pense aussi à son amant. Elle a honte. En examinant attentivement l'enfant, elle a cru déceler une petite ressemblance avec Sanyi. Quelque chose dans les yeux, la bouche... Dans son for intérieur, elle sait que Sanyi est le père. Il lui a rendu visite en catimini une semaine avant l'accouchement et maintenant elle l'attend d'un moment à l'autre. Au cas où elle serait avec ses parents, il fera semblant de s'être trompé de chambre.

Elle le voit enfin entrer dans cette salle commune où elle est alitée avec son bébé, comme une dizaine d'autres mamans. Il porte un pardessus bleu marine à boutons dorés dont le col relevé est recouvert de ses cheveux de jais. Ils ont encore poussé depuis la dernière fois, cette longueur lui va bien. Il reconnaît Anna et se précipite vers elle, l'embrasse, prend délicatement le bébé dans les bras. Lui aussi, il perçoit cette ressemblance. Un sentiment de plénitude soudain l'envahit, au point d'en oublier la guerre, les explosions, cette folie meurtrière qui s'est abattue sur l'Europe. Cet enfant, il en fera le roi du monde quand la vie d'avant reviendra. Il voudrait tellement annoncer sa naissance à Lukács et à Lilla. Mais tant que le mari d'Anna n'est pas rentré du Service de travail, il doit se taire.

★

Le début de l'été 44 apporte à Anna et à ses parents une bonne et une mauvaise nouvelle. D'abord, la mauvaise, la très mauvaise nouvelle : à la suite du décret du maire, les 220 000 Juifs de Budapest doivent quitter leur habitation le 21 juin à minuit au plus tard et se rendre dans une « maison étoilée » où on leur attribuera une pièce par famille. Ces immeubles, dont le fronton est flanqué d'une étoile (d'où leur appellation), ne sont pas des établissements gastronomiques ou des résidences de vacances aux noms de constellations tels que Orion, Céphée ou Cassiopée, mais constituent bel et bien, à l'instar des ghettos, un réseau d'habitations permettant aux autorités de regrouper les Juifs en vue de leur future déportation. La couleur de l'étoile est jaune, et il n'y a aucune ambigüité possible sur sa signification.

Valises faites dans l'urgence. Ne rien oublier d'essentiel. Panique. Rassembler les affaires du bébé, prendre un pull confortable. Panique. Et toi, maman, qu'emportes-tu, en cas de pluie ? Panique. N'oublie pas tes médicaments. Panique. Penses-tu que l'on reviendra ? Panique. Panique. Panique…

Anna marche dans une longue file avec une centaine de ses semblables sous une chaleur de 35°C, le bébé attaché sur sa poitrine, une valise à la main. Sa mère et son père suivent péniblement. Elle a soixante-trois ans et traîne ses kilos superflus, lui boite légèrement. Les autorités ne les ont pas assignés dans la même maison étoilée que leur fille, malgré leurs supplications. Il y a près de deux mille de ces maisons réparties un peu partout dans Budapest. Comment savoir où se trouve celle de leur fille ?

À une bifurcation, la file se scinde en deux. Anna et une moitié du groupe doivent suivre un agent municipal vers la droite, ses parents continuent tout droit avec l'autre moitié. Les adieux sont déchirants. Elle les regarde partir, claudiquant, le dos vouté. Quand se reverront-ils, s'ils se revoient un jour ? Son père et sa mère se retournent ensemble une dernière fois, le bras levé, image vacillante que leur fille gardera d'eux à jamais.

L'immeuble de six étages dans lequel elle pénètre avec une cinquantaine de ses compagnons d'infortune se trouve dans une rue qui longe le Danube, en regard de la pointe sud de l'île Marguerite. Une étoile jaune sur fond noir est apposée au-dessus de l'entrée. L'employé municipal les regroupe par paquets de quatre ou cinq dans l'arrière-cour pavée à l'odeur d'urine que surplombent les coursives extérieures desservant les appartements. Anna et son bébé sont dans le numéro 34, au troisième étage, avec un couple sans enfants, une jeune femme qui attend, comme elle, le retour de son mari d'un camp de travail et une femme célibataire accompagnée d'un garçonnet de huit ans. Elle vivra dans une chambre avec Gabriel et devra partager la cuisine. Combien de temps cela durera-t-il ? Se souvenant de ce que lui avait confié Sanyi, elle a le pressentiment que ce lieu de résidence est l'antichambre des convois à destination des camps de concentration dans la Pologne occupée, à l'instar de ce que subissent les Juifs de province en ce moment. Épuisée, elle s'écroule sur le matelas jeté au milieu de la pièce, en serrant son bébé dans les bras. Elle se sent seule, abandonnée. Elle ignore où se trouvent aujourd'hui ses parents, Sanyi et László, les êtres qui, avec son fils, lui sont les plus chers au monde. Elle s'endort.

La bonne nouvelle maintenant : alors que le gouvernement prépare le transfert des Juifs de Budapest, Horthy annonce le 7 juillet l'arrêt des déportations des Juifs provinciaux ordonnés depuis le 15 mai. Le dernier convoi à destination d'Auschwitz quittera Budapest le 9 juillet. Peu importe les raisons du régent, l'espoir renaît chez Anna. Une bonne nouvelle n'arrivant jamais seule, elle est bientôt autorisée à réintégrer l'appartement à Buda où elle vivait avec László, mais en n'occupant qu'une chambre avec son bébé : l'immeuble est maintenant classé maison étoilée et des familles se sont vues attribuer les autres pièces. Anna repart donc avec Gabriel et retrouve avec joie une partie de ses meubles, une petite partie seulement : les plus beaux ont été emportés. Elle est accueillie par un tailleur, sa femme et leurs deux enfants. Ils sont installés dans le salon et, quand ils apprennent qu'Anna est l'ancienne propriétaire, ils lui proposent gentiment de lui rendre cette pièce bien plus grande que la chambre qui lui est attribuée. Mais elle refuse : ils sont quatre, ils ont besoin de plus d'espace qu'elle. Elle s'installe comme elle peut, là où autrefois elle dormait avec László, où parfois ils faisaient l'amour. Les images de la vie d'avant s'estompent. Déjà, elle ne revoit plus très nettement le visage de son mari. Même celui de Sanyi disparaît par moment, comme derrière un voile. Où est-il aujourd'hui ? A-t-il lui aussi été consigné dans une de ces maisons juives ? Se cache-t-il dans son appartement, ou ailleurs ? Il avait refusé de coudre l'étoile jaune sur ses vêtements, estimant qu'il fallait résister, que les Juifs ne devaient pas être dociles. Il lui avait confié la dernière fois, juste avant de quitter l'hôpital, qu'il s'était rapproché du mouvement de résistance *Halutz* pour mener des opérations de sauvetage, mais qu'il se méfiait de ses dirigeants, issus de diverses factions sionistes. Lui était avant tout pour l'assimilation et se considérait comme un Hongrois juif, plutôt qu'un Juif hongrois.

Derrière les volets clos de sa chambre plongée dans la pénombre — les Juifs des maisons étoilées ont l'obligation de fermer leurs persiennes de jour comme de nuit — Anna vit isolée du reste du monde et elle a peur. L'appartement est dépourvu de téléphone et de poste de radio ; elle lit parfois les quotidiens que lui prêtent les autres occupants. Les Russes sont maintenant dans les quartiers ouvriers situés au sud et au nord du centre de la capitale, à Ujpest et à Kispest. Ça mitraille et ça canonne fort, déjà, par là-bas. Elle apprend que le pont Marguerite s'est effondré sous la violence d'une explosion, ce pont sur lequel elle courait comme une folle il y a deux ans encore, pour retrouver Sanyi. Des tramways bondés sont tombés à l'eau ; plus de mille personnes se seraient noyées. Entre les alertes aériennes diffusées par le poste de radio de l'immeuble, les fausses alarmes et les vrais bombardements, sa vie se limite, avec Gabriel, à des allers-retours, de sa chambre à l'abri du sous-sol. Beaucoup pensent que la guerre est perdue, que les Allemands vont défendre Budapest bec et ongles et que la ville va devenir un champ de bataille. Alors ils s'organisent. Ils descendent leurs fauteuils, des matelas, des couettes, en prévision d'un séjour prolongé. On dit aussi qu'au-dehors, c'est l'horreur, et que les maisons étoilées sont particulièrement menacées. Depuis le coup d'État des *Nyilas* — les Croix fléchées — et la prise du pouvoir par leur chef Ferenc Szálasi, la terreur règne dans la capitale. Des hordes de sauvages arborant brassards et mitraillettes arpentent les rues jour et nuit à la recherche d'un Juif ou d'un opposant politique qu'ils exécutent. Ils pillent et ils assassinent. Ils forcent les appartements, les boutiques, les mettent à sac et prennent leurs occupants en otage. On déporte à nouveau les Juifs par dizaine de milliers. Pour l'instant, aucun Croix fléchées n'a encore pénétré dans l'immeuble où vit Anna, mais les dénonciations sont innombrables et elle est effrayée. Même à l'intérieur de l'abri, elle n'est pas tranquille ; la nuit, les *Nyilas* patrouillent de cave en cave, braquent leurs torches sur le visage des personnes endormies, les tirent brutalement de leur sommeil et les emmènent sur le seuil de l'immeuble où ils les exécutent. Si elle pouvait, elle s'enfuirait avec Gabriel et irait se cacher dans l'appartement de Sanyi. Elle pense qu'elle y serait plus en sécurité. Mais elle n'a pu le prévenir à temps et elle n'a donc plus de nouvelles de lui depuis qu'elle a été expulsée de son domicile pour être consignée dans l'immeuble près du Danube. Et maintenant, il ignore qu'elle est revenue dans son propre appartement…

Il lui apparaît après tout ce temps comme dans un rêve, aux confins du songe et du réel. Est-ce bien lui ? Elle se pince. Est-ce Sanyi ? Son Sanyi ? Il est barbu aujourd'hui, amaigri, mais il a toujours ses cheveux de jais et son regard bleu clair. Ils s'étreignent, ils s'embrassent. Il regarde son garçon ; cinq mois, déjà ! Comme il a changé, comme il lui ressemble ! Il n'a plus aucun doute sur sa paternité. Enfin ! Il les a retrouvés. Il les a cherchés dès la publication de ce fameux décret sur les maisons étoilées. Il en a exploré beaucoup, beaucoup, au risque de sa vie. Il y en a presque 2000, inégalement réparties sur les deux rives du Danube, 1944 exactement (un nombre identique, curieusement, à celui de l'année où elles ont été créées). Au cours de sa recherche, il a retrouvé les parents d'Anna, au mois de septembre. Ils vont bien, enfin, aussi bien que possible. Il les a reconnus grâce à une photo qu'elle lui avait montrée par le passé. Il ne s'est pas présenté à eux comme étant son amant, bien sûr, mais comme un de ses anciens camarades de lycée. Ils ont été incapables de lui dire où elle avait été assignée. Son père en était désolé. Il les a quittés en leur promettant de revenir les voir très vite avec leur fille, malgré l'interdiction. Cette rencontre inattendue l'a encouragé. Il a continué de la rechercher, inlassablement, en partant de la zone du ghetto et en élargissant progressivement ses explorations en cercles concentriques. Enfin, il y a de cela quelques jours, il est entré dans l'immeuble près du Danube du 4 Pozsonyi utca, où un homme ayant reconnu Anna d'après la description qu'il en avait faite, lui a dit qu'elle était retournée dans son appartement, avec son bébé…

À présent qu'ils se sont retrouvés, ils décident de ne plus se quitter et de s'enfuir au plus vite. Ici, ils risquent leur vie à chaque instant ; ils doivent se réfugier dans l'appartement de Sanyi. Le concierge de l'immeuble les connaît bien, depuis le temps qu'il les voyait ensemble à l'heure du déjeuner, même s'ils restaient discrets. Il leur a parfois livré de quoi manger et Sanyi ne craint aucune dénonciation de sa part. La question est de savoir quand partir. La rue est dangereuse, avec ces sauvages qui se prennent pour des cow-boys et qui vous arrêtent pour un oui, pour un non, en vous menaçant de leur mitraillette. Sanyi, lui, a de faux papiers, mais Anna est vulnérable, avec sa carte d'identité tamponnée « Juif » et son étoile jaune. Le plus sûr (mais cette notion a-t-elle un sens, désormais ?) serait de filer discrètement à la tombée de la nuit, sans rien dire aux familles voisines qui, avec de la chance, seraient occupées à préparer le dîner.

De loin, par une fin d'après-midi brumeux et venteux de novembre, on peut voir deux silhouettes arcboutées qui traversent le Danube sur le pont des Chaines. Sanyi protège son fils entre les pans de son manteau. Recouvert d'un bonnet et de vêtements chauds, Gabriel ne risque pas de prendre froid. Anna est emmitouflée dans son châle qu'elle a disposé de sorte à recouvrir l'étoile. Après avoir quitté le pont, côté Pest, ils doivent encore longer le fleuve sur environ 700 mètres pour rejoindre l'impasse où habite Sanyi, près du Parlement. La ville est saignée de toutes parts. Anticipant l'arrivée prochaine des Russes, les Allemands ont transformé les rues pour y incruster des canons et établir une défense en hérisson. Des immeubles sont éventrés ou brûlés. À un croisement, ils tombent sur un attroupement, en arrêt devant un groupe d'une dizaine d'hommes, de femmes et d'enfants portant l'étoile jaune, les bras levés, surveillés par de jeunes soldats allemands armés de mitraillettes. Ils se mêlent un moment à la foule, sans réaliser qu'un journaliste les prend en photo — cette photo découverte par Simon chez András — avant de repartir discrètement, inquiets mais heureux d'avoir échappé à cette rafle. Enfin, ils arrivent dans le minuscule deux-pièces que connaît si bien Anna. Il n'est pas plus grand que la chambre qu'elle occupait encore ce matin, mais elle y sera en sécurité, avec Sanyi et leur bébé. Demain, demain dès l'aube, elle ira voir ses parents. Ils lui manquent tellement ! Peut-être trouvera-t-elle une solution avec Sanyi pour les cacher et les soustraire à la barbarie des Croix fléchées. Il est proche, lui avait-il confié, d'une organisation qui mène des opérations de sauvetage, alors, nécessairement, il trouvera une solution…

La maison étoilée où séjournent les parents d'Anna est située au 86/b de Dózsa György utca, dans le VIe arrondissement. De construction récente, elle a trois étages et, excepté pour le premier, des petits balcons aux fenêtres. Les visites sont interdites, il faut donc attendre une occasion favorable pour s'y introduire sans être vu par le concierge. Anna avait insisté pour venir seule : sortir à trois, avec le bébé, était trop dangereux. Ne pouvant le faire garder, il fallait donc que Sanyi s'en occupe. Il avait proposé de confier Gabriel au concierge et de l'accompagner. En couple, ils avaient moins de risque de se faire arrêter. Mais elle avait refusé. Même si le concierge semblait être un brave homme, elle n'avait pas confiance.

La voie est libre, maintenant. Elle monte par les escaliers au dernier étage et tape à la porte de l'appartement que Sanyi lui a indiqué. Dans cet appartement, tes parents vivent avec deux autres couples de personnes âgées, avait-il ajouté, et tous ont l'air de bien s'entendre. Une dame d'une cinquantaine d'années entrebâille la porte avec méfiance. Anna la salue et la prie d'appeler M. et Mme Földes. Je suis leur fille, précise-t-elle, ils seront contents de me voir. La femme ouvre alors tout grand. Elle paraît plus jeune qu'au premier abord, avec sa tenue élégante, sa taille élancée. Elle prend une mine consternée : je suis désolée, dit-elle en se tordant les mains, les gendarmes sont venus il y a deux jours et ils les ont embarqués tous les six. On nous a attribué leur appartement, à moi et à mon mari, et quatre personnes doivent encore arriver d'une minute à l'autre.

Anna se sent défaillir et perd connaissance sur le palier. La femme la tire comme elle peut à l'intérieur du logement, l'allonge sur le parquet et lui pose un gant de toilette humide sur le front. Anna revient doucement à elle. Elle ne sait plus très bien où elle est et ce qu'elle fait là, couchée sur le sol. Mais tout lui revient, subitement : ses parents ? Où sont ses parents ? Elle se souvient qu'ils sont déjà en route pour une destination d'où, dit-on, l'on ne revient pas.

Pendant plusieurs jours, Anna n'a cessé de pleurer. Incapable de donner le sein à Gabriel, Sanyi a dû remplacer le lait maternel par des biberons, avec toute la difficulté qu'il avait à trouver du lait. Elle finit par reprendre ses esprits : l'instinct maternel est le plus fort, l'appel de la vie, aussi. Même si la vie semble être aujourd'hui totalement irrationnelle, absurde, incohérente, Anna sait qu'il y aura des temps meilleurs, qu'une fois cette guerre terminée, elle pourra rire comme avant, aimer et être aimée. Depuis leurs retrouvailles, Sanyi est un ange avec elle. Il fait tout pour qu'elle dépasse le traumatisme qu'a été la disparition de ses parents : il passe le balai, change le bébé, joue avec lui, lui donne le biberon, sort chercher de quoi se nourrir. Il achète ce qu'il peut : il n'y a presque plus rien derrière les vitrines et sur les étagères. Parfois, tout de même, il revient, un sourire triomphant aux lèvres, avec de la viande, des pâtes, qu'il a négociées au marché noir… Cet homme, elle l'aime profondément et elle sait qu'elle veut passer le reste de ses jours avec lui. Bien sûr, il y a László. Elle souhaite de tout son cœur qu'il revienne sain et sauf du camp de travail. Elle ne le remerciera jamais assez de l'avoir aimée comme il l'a aimée, de lui avoir donné une si belle vie jusqu'à son départ pour le camp. Elle n'a aucune nouvelle de lui, mais elle espère le revoir, même si elle sait combien il va souffrir, quand elle lui dira, pour Sanyi…

*

C'est un jour comme il y en a tant d'autres depuis plusieurs mois, avec ses alertes aériennes, ses bombardements, ses immeubles effondrés ou en flammes, pourtant, Sanyi est d'humeur légère. Une heure plus tôt, il a proposé à Anna de la présenter avec leur petit à son frère Lukács et à sa famille, et elle a accepté. Il faudra attendre la fin de la guerre, mais les Russes vont libérer la ville, ce n'est qu'une affaire de quelques jours. Cachés dans cet appartement au fond d'une impasse, ils se sentent mieux protégés que sur les axes importants où la Gestapo défile quotidiennement. Ils ne sont pas à l'abri d'une bombe, évidemment, mais ils croient en leur bonne étoile, même si par les temps qui courent, cette étoile est jaune.

Sanyi doit sortir pour trouver du lait pour son fils. Il connaît une famille tout à côté qui pourrait les dépanner. Il endosse son manteau, dépose un baiser sur le front du bébé endormi et referme la porte sans bruit. Gabriel va se réveiller d'une minute à l'autre, c'est son heure, il voudra téter, mais Anna n'a pas encore assez de lait et, immanquablement, il va se mettre à pleurer. Et c'est bien ce qui se passe. Il a beau tirer sur le mamelon, le liquide nourricier ne vient pas. Elle le berce, l'embrasse, lui susurre des mots doux en attendant Sanyi qui n'arrive pas. Deux heures passent. Puis trois. Trois heures interminables entre les cris du bébé et l'angoisse qui monte. Que fait-il ? Pourquoi ne revient-il pas ? D'habitude, il ne la laisse jamais aussi longtemps sans nouvelle. L'inquiétude grandissant, elle repose Gabriel dans son lit à barreaux et descend jusqu'à la loge du concierge. Il est absent. Sa femme lui dit qu'il vient de sortir, mais qu'il n'en a pas pour très longtemps. Justement le voilà de retour, le visage un peu rougi par le froid. Il se débarrasse de ses gants, de son pardessus, sourit à Anna, mais d'un sourire qui ressemble à une souffrance. J'allais monter chez vous, lui dit-il, l'air embarrassé. J'ai vu votre mari se faire arrêter tout à l'heure par les *Nyilas*, de l'autre côté de la rue. Il a résisté, mais ils l'ont frappé et l'ont traîné de force sur la rive du Danube. Ils l'ont abattu. Son corps est tombé dans l'eau et a été entraîné par le courant.

Mourir. Anna veut se jeter dans le fleuve avec son bébé. Rejoindre Sanyi. Elle sera près de lui pour toujours, avec le fruit de leur amour. Elle remonte, s'emmitoufle de son châle, habille Gabriel de ses vêtements les plus chauds, sort de l'appartement sans même fermer la porte. Le

Danube, tout proche, est verdâtre sur les bords, gris au milieu ; il charrie des petits blocs de glace. Elle serre fort Gabriel dans ses bras, s'apprête à s'élancer, mais au dernier moment, elle vacille, elle recule. Il faut être courageux pour se donner la mort, même quand on est au bout du rouleau. Ou bien, il faut agir spontanément, sans réfléchir. Anna regarde autour d'elle. Il n'y a personne, aucune trace de l'exécution qui vient d'avoir lieu, seulement quelques chaussures éparpillées auxquelles elle ne prête pas d'abord attention. Elle comprendra plus tard. Parmi elles, elle reconnaît soudain celles de Sanyi. Elle fond en larmes, les ramasse, les embrasse, les serre contre elle. Elle n'envisage pas de rentrer chez lui. Ce qu'elle veut, c'est mourir. Incapable de mettre fin à ses jours, elle choisit de se livrer aux Croix fléchées en retournant chez elle, dans son appartement, à Buda. On dit que, sentant venir la défaite, ils redoublent de férocité, perquisitionnent chaque maison juive, assassinent comme jamais. Elle est tranquille. Elle et l'enfant seront arrêtés.

PAR une nuit glaciale de décembre, László rentre à Budapest. Il s'est échappé du camp de travail. La ville est en lambeaux, en état de siège. Sur l'immeuble où il habitait avec son épouse avant son arrestation, une étoile jaune sur fond noir est maintenant apposée au-dessus de la porte d'entrée. Leur bel appartement a été divisé en lots, occupés par plusieurs familles. Amaigrie, les yeux enfoncés, sans expression, c'est à peine s'il reconnaît Anna, assise dans un coin de leur ancienne chambre, avec un bébé dans les bras. Elle aussi a du mal à voir dans cet homme chauve, presque cadavérique, son mari parti neuf mois plus tôt. Pourtant, elle se lève, ils s'étreignent longuement, comme deux êtres brisés qui n'en reviennent pas d'être toujours en vie.

— Je te présente ton fils, murmure Anna en lui tendant Gabriel.

⋆

Son secret, elle venait enfin de s'en délivrer soixante-huit ans plus tard, auprès de moi, Simon, son petit-fils.

ELLE mourut peu après. Libérée de son si lourd fardeau, elle avait sans doute senti qu'elle pouvait enfin aspirer au repos et sauter dans les eaux glacées du Danube pour y rejoindre son grand amour. Un touriste égaré aurait pu la voir dériver un moment à la surface, tant elle était légère. J'avais reçu un appel téléphonique de la maison de retraite à neuf heures du matin. C'était un mois avant le premier tour de l'élection présidentielle. À l'intonation de la secrétaire qui prononça mon nom, j'ai immédiatement compris. Je n'avais pas revu Anna depuis sa confession et je m'en suis voulu. Je devais passer à la maison de retraite, il y avait des choses à régler.

Sa chambre avait été vidée de ses objets personnels, nettoyée, désinfectée, le matelas retourné, elle était prête à être attribuée au premier nom figurant sur la longue liste d'attente. Avec mon accord, quelques meubles et vêtements ont été donnés à d'autres résidents. Le reste, tout ce qu'elle possédait, tenait dans un carton que j'ai rangé, sans l'ouvrir, au fond d'une armoire.

Anna a été inhumée au cimetière juif de Bagneux, dans le caveau familial, auprès de son fils et de son mari. J'avais pensé un moment la faire incinérer, aller à Budapest et jeter ses cendres dans le Danube. Mais je me suis dit aussitôt qu'il était impossible de brûler une vieille dame juive qui avait échappé de justesse aux camps de concentration. La cérémonie a été des plus sobres, sous un soleil printanier. Dans l'allée du cimetière, il y avait le rabbin, ma mère, deux infirmières de la maison de retraite et moi-même. J'avais préparé un tirage de la photo découverte chez András où elle était avec Sanyi et Gabriel, et je l'ai jeté dans le trou, sur le cercueil recouvert de roses. Je me suis à nouveau demandé où était la place d'Anna, à la fin de son tragique parcours : ici, à Paris, dans ce caveau familial ? À Budapest, dans le Danube, avec Sanyi ? Allez savoir… Son secret, elle avait choisi de le garder pour elle, et, dans une certaine mesure, je la comprenais, maintenant que je connaissais les horreurs qu'elle avait subies pendant la guerre. Une fois encore, je me demandais comment j'aurais réagi à sa place. Je trouvais cette question toujours aussi déroutante. Certes, je pouvais y répondre dans un sens moral, mais quelle valeur avait-elle, cette réponse, alors que moi, j'évoluais dans un environnement qui n'avait rien de comparable au sien, regardant le monde de ma fenêtre adoucie d'une glycine odorante ? Ma seule, mon unique certitude, était que mon grand-père aurait pardonné à Anna si elle lui avait dit la vérité. László, qui avait tant souffert de la guerre, lui aussi, n'était qu'amour pour sa femme et son fils. Il était bon et généreux. Pour Gabriel, il avait été le meilleur des pères de substitution, et des pères tout court. Comme il avait été pour moi le meilleur des grands-pères. Je ne rejetais pas Sanyi, bien au contraire, j'aurais adoré le connaître. Mais László restera toujours mon grand-père. Je n'ai pas à réécrire l'histoire.

Mon portable s'est mis à sonner et le prénom *Helena* s'inscrivit sur l'écran. Le vacarme était tel qu'il m'était impossible de lui parler. Trente et un ans après la victoire de François Mitterrand, j'avais voulu marcher sur les traces de mes parents et aller à la Bastille fêter celle du nouveau président élu, François Hollande. À 22 heures, la place était déjà noire de monde. Des fumigènes étaient allumés et une multitude de drapeaux tricolores flottaient, accrochés aux arbres et aux candélabres. Des sympathisants escaladaient la colonne de Juillet tandis que la foule en liesse criait, une rose à la main : « Sarko, c'est fini ! » Explosions de bouteilles de champagne et de bière au milieu des artistes qui se succédaient sur la scène, cris et rires de toutes parts, et bientôt le silence pour le discours tant attendu de François Hollande : « Je suis le Président de la jeunesse de France… ». Vers trois heures, alors que la place ne désemplissait pas et que des dizaines de milliers de partisans dansaient encore sur des airs de salsa et de kizomba, je décidai de rentrer, gagné par la nostalgie. Non, d'après ce que m'avait dit mon père, ce n'était pas la même allégresse qu'en 1981 ; l'élection de Mitterrand avait cristallisé l'utopie de mai 68, le rêve après lequel la gauche courait depuis plus de vingt ans ; elle avait fait naître chez des millions de gens l'espérance d'un *véritable* changement. Ce soir, l'attente était loin d'avoir cette ampleur…

Je repartis sans me presser. J'écoutai mon portable. Helena m'avait laissé pour seul message : *Rappelle-moi, s'il te plaît.* Il était bien trop tard pour le faire. Je lui téléphonerai le lendemain, de chez moi. Depuis la mort d'Anna, j'avais délaissé mon bureau. Je n'étais pas inquiet : les honoraires que m'avait versés madame Irène me laissaient du temps. Je flânai autour du bassin de l'Arsenal éclairé par la lune. Les lampadaires et les façades des immeubles se reflétaient dans l'eau. Un cygne, un cygne au plumage noir de jais, au bec rouge et au long cou majestueux glissa lentement vers moi. Il me fixa de son œil en triangle avant de lancer un petit cri et de repartir dans l'ombre satinée du bassin, m'offrant un moment suspendu de contemplation dans le bruit assourdi qui s'échappait de la place.

Helena répondit dès la première sonnerie. Je n'avais plus eu de ses nouvelles depuis que nous nous étions revus à Budapest. Je reconnus son accent si charmant. Elle avait fait une demande de mutation dans une agence de la Bank Austria à Budapest, pour se rapprocher de son père. Il avait quelques soucis de santé. Elle venait d'emménager sur la rive gauche du Danube, près de *Szent István Park*, dans un immeuble moderne de style Bauhaus qui donnait sur l'île Marguerite. Elle s'y plaisait bien. Je lui manquais, mais ce n'était pas pour cette raison qu'elle m'appelait, elle voulait m'avertir que Marika, la fille de madame Irène et d'András, viendrait bientôt les voir à Budapest. Elle allait enfin connaître sa demi-sœur. Mais Marika serait seule. Sa mère s'était éteinte, victime d'une rupture d'anévrisme, peu après lui avoir dit qui était son père...

J'accusai le coup. Les deux vieilles dames qui m'étaient si chères, ma grand-mère et madame Irène, venaient de me laisser à quelques jours d'intervalle. Je me confiai à Helena, lui parlai longuement d'Anna.

— Tu dois être bouleversé d'avoir appris l'existence de ton grand-père biologique, me dit-elle, d'une voix chargée d'émotion.

— Tu sais, pour moi, les liens du cœur sont plus importants que ceux du sang et mon grand-père restera toujours László ; mais cette découverte est arrivée si brusquement que je ne me la suis pas encore appropriée. C'est pour mon père que je suis triste. Je suis heureux pour Anna qu'elle ait vécu un amour passionnel, mais pourquoi n'a-t-elle rien dit ? Même si cela lui était très difficile, après tout ce qu'elle avait subi, elle aurait dû livrer son secret, me semble-t-il, ne serait-ce que par honnêteté envers son fils et son mari.

Un silence. Je m'interrogeais : peut-on vraiment parler d'honnêteté, quand il s'agit de sentiments aussi complexes éprouvés pendant une période si troublée ?

Je demandai à Helena comment Marika s'était présentée à elle.

— Le plus simplement du monde. Elle m'a appelée un matin en me disant qu'elle était ma demi-sœur. Tu imagines ma surprise. Elle n'avait pas encore osé téléphoner à son père, à notre père, devrais-je dire ; elle préférait me contacter avant.

J'étais content que madame Irène ait finalement parlé d'András à sa fille et fier d'avoir contribué à leurs retrouvailles.

— J'espère que tout va bien se passer entre eux, dis-je, prêt à arrêter là notre conversation.

— Attends, me dit-elle. Pourquoi ne viendrais-tu pas te joindre à nous ? Après tout, c'est grâce à toi si nous en sommes-là. Cela nous ferait plaisir, à András et à moi. Et puis, je t'emmènerais voir quelque chose que tu dois absolument découvrir...

J'hésitais. A priori, je n'avais rien à faire dans cette réunion de famille ; ma mission était terminée. Si madame Irène me l'avait proposé, peut-être aurais-je accepté, malheureusement ... Dans d'autres circonstances, j'aurais eu plaisir à faire la connaissance de Marika et à revoir András, mais pas au moment où il allait enfin rencontrer sa fille, non, pas à ce moment-là. Je refusai donc.

— J'insiste, s'obstina Helena, si ce n'est pas pour eux, fais-le pour moi...

Je réfléchissais.

— D'accord, lâchai-je au bout d'un moment. Mais dissocions ma venue de celle de Marika. Elle et ton père, je les rencontrerai un autre jour, peut-être. En revanche, je peux prendre un avion dès demain si tu le veux. Et dans deux semaines ou trois, ce sera à ton tour de venir à Paris, d'accord ?

Je ne pouvais pas lui faire plus grand plaisir.

L'air de rien, j'officialisais quelque chose entre Helena et moi, me semblait-il.

ELLE m'attendait à l'aéroport dans une robe fleurie, un imperméable sur le bras. Elle était plus belle encore que dans mon souvenir, lorsque je l'avais laissée dans cette chambre d'hôtel, trois mois plus tôt. Nous nous sommes dirigés vers le parking, main dans la main, heureux de nous retrouver. Ses mots se bousculaient dans un français impeccable, avec un léger accent qui me faisait craquer. Sa façon de crier *Saïemone* en m'apercevant dans la file des arrivants m'avait plu, et même ému. Pourtant, il n'y avait pas si longtemps encore, cela s'était mal terminé entre nous, à Vienne. Nous n'en étions plus là. De l'eau avait coulé sous les ponts du Danube et de la Seine.

Le trajet jusqu'au centre-ville dura environ 45 minutes par l'autoroute. Au volant de son Audi A4 automatique, elle continuait de me parler avec enthousiasme de son déménagement, des responsabilités qu'elle avait dans sa nouvelle agence de Budapest. Mais, une fois le Danube atteint, au lieu de prendre en direction de *Szent István*

Park où elle habitait, elle bifurqua vers le sud et se gara près du Parlement.

— Je tiens avant tout à te montrer quelque chose, me dit-elle, en verrouillant les portières.

Nous avons longé le fleuve sous un ciel gris cendré. Deux péniches se sont croisées, suivies de vagues moutonneuses qui sont venues se casser sur la berge. Au loin, le pont des chaînes, et ses tours emblématiques.

— C'est là…

Une soixantaine de paires de chaussures usagées en bronze, des chaussures d'hommes, de femmes et d'enfants, scellées dans le sol, alignées au bord de l'eau. Une plaque en fonte indiquait : *To the memory of the victims shot into the Danube by Arrow Cross militiamem in 1944-1945. Erected 16th April 2005.*

Helena m'expliqua que les miliciens des Croix fléchées demandaient à leurs victimes d'enlever leurs chaussures avant de les abattre. Je me souvenais qu'Anna avait reconnu celles de Sanyi, au moment où elle avait voulu se jeter dans le fleuve, juste après son exécution.

— Je te laisse seul un moment, me proposa Helena. Je vais marcher.

Je restais immobile, les mains derrière le dos. Je repensais aux événements de ces derniers mois. Il avait suffi d'un coup de téléphone pour que mon existence, si banale jusqu'alors, se mette en mouvement, comme s'anime un mobile de Calder sous l'influence d'un souffle d'air ou d'une légère impulsion donnée à l'un de ses éléments. Tout avait commencé avec madame Irène, cette femme libre et généreuse qui m'avait accordé sa confiance pour rechercher András, l'amour fugace de sa jeunesse. András, un homme hors du commun, qui avait donné plus de trente-cinq ans de sa vie pour expier sa faute ; il aurait pu être le héros d'un film de Scorsese, mais lui ne cherchait ni pardon ni salut, il voulait seulement mourir en paix, être tranquille avec sa conscience. Et chez lui, j'avais découvert Sanyi, le grand amour de ma grand-mère et le père de mon père. Sanyi et Anna. Anna et Sanyi. Ils étaient jeunes. Ils étaient beaux. Ils se croyaient invincibles. Ils étaient amants. Je les imaginais, l'été 42, dans l'appartement de Sanyi, quand elle venait l'y rejoindre pendant la pause déjeuner. Nus, allongés l'un près l'autre, alanguis sous la caresse du soleil et du plaisir d'être ensemble, ils étaient heureux, insouciants, ignorant la guerre qui pourtant grondait aux portes de Budapest. Mais ça, c'était avant. Avant le chaos. Avant que naisse leur fils. Avant la chute. Avant les derniers mots prononcés par Sanyi quand les *Nyilas* l'avaient mis en joue, quand tout était fini, plié. Avait-il crié *Anna* ? Ou *Gabriel* ? Les deux, sans doute. Anna n'avait jamais rien révélé de son secret, mais, des profondeurs de son inconscient, mon père avait perçu ce cri qui, je pense, l'a poursuivi toute sa vie.

« Chaque fois que je vois un cours d'eau, j'ai l'impression que ton grand-père m'appelle… » m'avait-il dit un jour en traversant la Seine, lorsque j'étais enfant. Je comprenais aujourd'hui ces paroles qui m'avaient paru si énigmatiques, tout comme je croyais comprendre son suicide sur les rives de ce fleuve qui bordait notre maison de campagne. Il n'y avait ni hasard ni destin, seulement de la fatalité. Je comprenais, enfin, la raison de ma présence ici, devant ce mémorial, sur les bords du Danube, dans cette ville qui m'était encore inconnue quatre mois plus tôt. J'étais le lien vivant qui unissait mes défunts : mon père, Anna, Sanyi, László, tous rassemblés en moi, pour un ultime hommage.

On vit toujours avec ses morts.

QUELQUES RÉFÉRENCES

Références bibliographiques sur Budapest et la Hongrie :

Sándor Márai :

– *Ce que j'ai voulu taire*, Albin Michel, 2014.

– *Journal : les années hongroises, 1943-1948*, Albin Michel, 2019.

– *Libération*, Le livre de Poche, 2009.

– *Mémoires de Hongrie*, Le livre de Poche, 2006.

André Lorant : *Vers l'innommable - L'antisémitisme institutionnel en Hongrie (1920-1944)*, L'Harmattan, 2020.

Kadary Victor : *les Juifs de Hongrie sous les lois antisémites. Étude d'une conjoncture sociologique, 1938-1943*, Actes de la recherche en sciences sociales, Vol 56, Mars 1985.

Christian Combaz : *le Roman de Budapest*, Éditions du Rocher, 2006.

Vilmos Kondor : *Budapest la noire*, Rivages/Thriller, 2011.

Jean Mattern : *les Bains de Kiraly*, Sabine Wespieser, 2008.

AUTRES RÉFÉRENCES :

Simon Wiesenthal : *les Fleurs de soleil*, Espaces libres Albin Michel, 2004, dont ont été extraites les citations des pages 76 à 78.

Louis Malle : *Lacombe Lucien*, film, 1974, avec Pierre Blaise, Aurore Clément.

Leonard Cohen : Live in London, July, 17th 2008, dont *Dance me to the End of love*

REMERCIEMENTS

L'écriture de ce roman, dont la part autobiographique est surtout présente au niveau de l'inconscient et des bribes qui m'ont été révélées, a fait appel à la documentation et à l'imagination. Elle a été étayée par les informations apportées par Marianne, ma cousine germaine âgée de quatre-vingt-quatorze ans, qui, comme tant d'autres Juifs hongrois, a subi les exactions des SS et des Croix fléchées, avant de s'enfuir de Budapest avec son mari pour s'exiler en Australie. Pendant plus d'un an, nous avons régulièrement échangé par mail dans la langue de Shakespeare et parfois correspondu par Skype. Je tiens à lui témoigner ma profonde reconnaissance et à lui dire tout mon amour.

Je tiens également à remercier :

Ma femme Chantal, d'abord, qui est toujours ma première lectrice ;

Annette Carayon, Christelle (Kriek) Lison, Christian Guenot, Micheline Appertet, Renaud Blunat, Eliane

Sicot, Nathalie Nogrette, Anouck Beaucage, Nathalie Birembaut, pour leur lecture attentive et leurs suggestions ;

Jean-Pierre Frommer et Yvette Godberger-Joselzon pour leurs commentaires judicieux, en particulier sur ce qui concerne la partie hongroise de ce texte.

Enfin, mille mercis à Françoise Salmon, éditrice chez *Murmure des soirs*, et à son équipe : Marie Charue, pour son investissement dans la correction et la composition de cet ouvrage ; Frédéric Kurz, dont la pertinence des suggestions, la disponibilité, la patience, les relectures si attentives m'ont été des plus précieuses.

Achevé d'imprimer en février deux mille vingt-trois.

Dépôt légal D2022/12689/70
Imprimé en Europe.